National Museum of Nature and Science

Global Gallery

国立科学博物館のひみつ

地球館探検編

成毛 眞

監修 国立科学博物館

ブックマン社

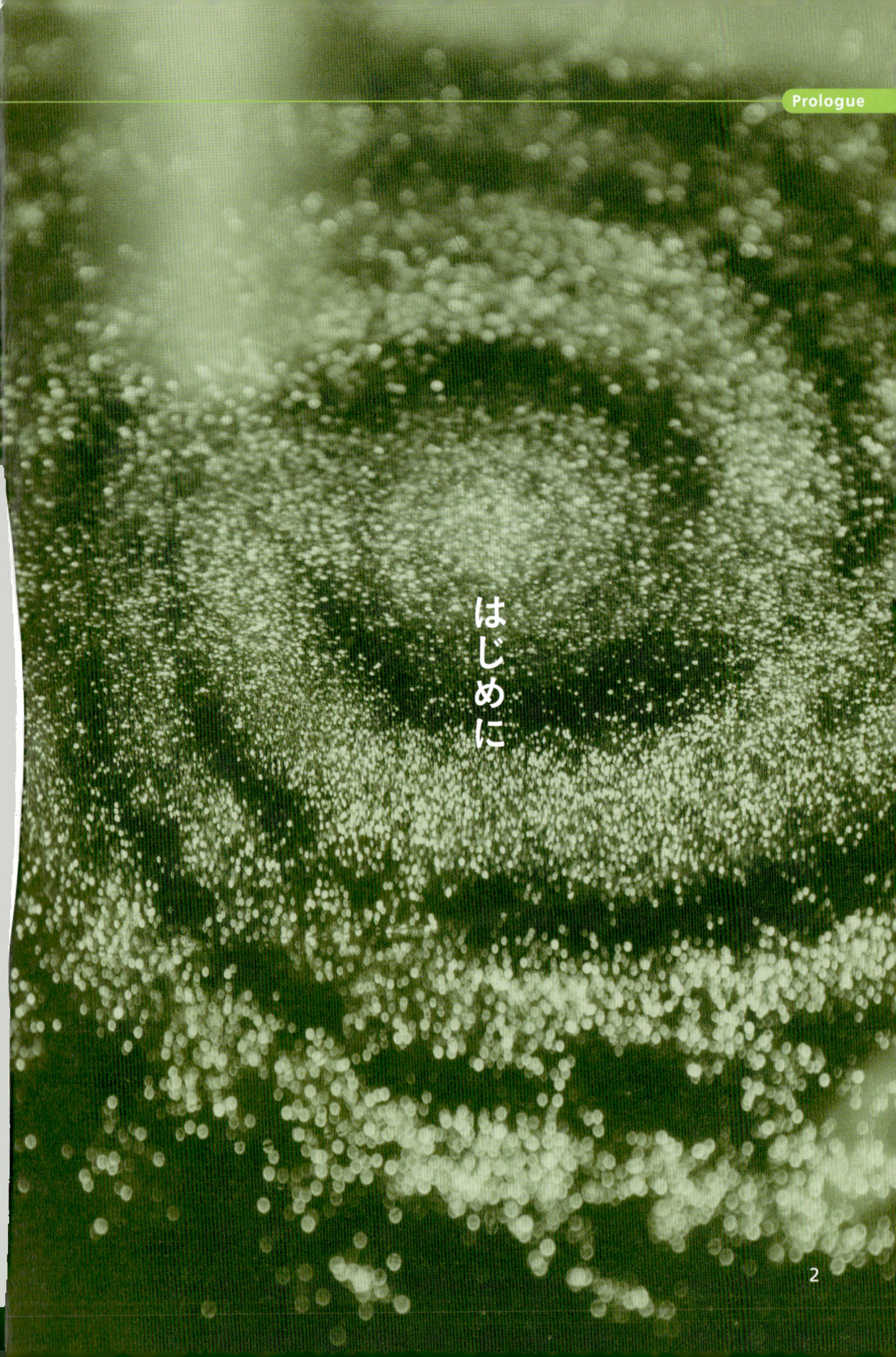

はじめに

National Museum of Nature and Science

在り続けること、変わり続けること

長く続くものは、少しずつ変化している。これはボクの持論だ。飲食店でもそうである。周りが驚くほど内装をがらりと変えたり、メニューを一新したりしてしまう店は、あっけないほどのスピードで畳まれていく。その一方で長く愛される店は、少しずつ、しかし確実にいい方向に変化している。

２０１５年７月、国立科学博物館（通称、科博）の地球館の北側部分がリニューアルオープンした。科博丸ごとではなく、地球館全体でもなく、地球館北側だけに留めたところに、これからも少しずつ変化していこうという心意気のようなものを感じた。新設されたのは、地球館全体のシンボルゾーンとなる「地球史ナビゲーター」（１階）、体験型展示中心の「科学技術で地球を探る」（２階）、未就学児とその保護者を主な対象にした「親と子のたんけんひろば コンパス」（３階）、それから地下へ潜って、照明にも工夫がある「恐竜の謎を探る」（地下１階）、ノーベル賞受賞者についての展示も豊富な「日本の科学者」（地下3階）だ。最新のテクノロジーを使いながらも親しみやすい展示になっていて、科学ファンだけでなく、イベントの仕事をしている人も見れば必ず勉強になると思う。

科博は、1877（明治10）年創立の、日本で最も歴史ある博物館の一つで、国立の唯一の総合科学博物館だ。440万点を超える貴重なコレクションを保管していて、よく知られている上野公園内の日本館と地球館のほか、筑波地区の研究施設と実験植物園、白金台にある附属自然教育園からなっている。この本ではこのうち、上野の地球館と筑波実験植物園、附属自然教育園を紹介している。日本館と研究施設については前著『国立科学博物館のひみつ』でたっぷり探検させてもらったので、そちらをご覧いただければと思う。

Global Gallery

研究者たちとワクワクドキドキの科博探検

それからボクについても説明が必要かもしれない。マイクロソフトで社長をしていたことがあるのでそちら方面には多少詳しく、ボクが起ち上げた「HONZ」というノンフィクションの書評サイトではサイエンスものばかりを取り上げている生粋の科学ファン。科博に対しても一ファンであったが、運良く前著を、前副館長の折原守さんと共著で出版することができた。それがきっかけで今ではすっかり科博の身内のような気分になっており、寄付会員にもなってしまった。そして今回の続編である。再び本を出せるのは嬉しいのだが、それ以上に、取材でたくさんの研究者の方に会い、お話を伺えたのが楽しかった。内心「こんなこと聞いていいのかな」と迷うような質問にも、即答していただけた。

それらを含めたワクワクドキドキを、本書ではできる限り再現したつもりである。再現力不足の部分はぜひ、本書を片手に科博で実際に探検していただきたい。

Contents

はじめに……2

Chapter 1 地球館探検ガイド……11

1F 地球史を体感し生物の多様性に触れる……12

地球史ナビゲーター……14
地球館イントロダクション／タイムラインステージ／宇宙史・生命史・人間史

ここにも注目 海底散歩

海洋生物の多様性……23

陸上生物の多様性……26
熱帯雨林・湿原・温帯林／一本の木にすむ昆虫とクモ
高山・砂漠／生命とは何か

系統広場……36
美しすぎる展示

自然を生き抜く工夫 42
共生と寄生／クジラの腸の寄生虫

2F
暮らしのなかの科学技術 46

科学技術で地球を探る 48
ここにも注目
観測ステーション／電磁波／方位磁石（方位磁針）

科学と技術の歩み 58
万年時計／算術と測量／本草学／江戸時代の医学／近代化
ここにも注目
自動車産業のあけぼの／航空技術の発展／日本の宇宙開発／計算機

3F
世界の動物たちに会う 80

大地を駆ける生命 82
ここにも注目
剥製の動物たち／ヨシモトコレクション／絶滅の淵で

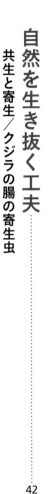

Contents

B1F

科博の恐竜コレクション　94

恐竜の謎を探る　96

ここにも注目
ティラノサウルス／トリケラトプス／鳥か恐竜か／実物化石とレプリカ

B2F

46億年の生命進化　108

地球環境の変動と生物の進化　110

ここにも注目
鉱物／微化石／ストロマトライト／古生物

爬虫類と哺乳類の進化　122

ここにも注目
哺乳類の起源／森林適応／水生適応／草原適応／古代ゾウ

人類の進化　136

ここにも注目
猿人・原人・旧人／フローレス原人／クロマニョン人／航海船
酷寒の地への進出／アメリカへ

B3F
宇宙と物質の関係 150
日本の科学者 152
自然科学系ノーベル賞受賞者／日本の科学を築いた人たち
ここにも注目
宇宙を探る 160
望遠鏡／月の石／宇宙線
ここにも注目
物質を探る 168
周期表／加速器／身近な化学
ここにも注目
RF
屋上の憩いスペース 177
まだまだ楽しい科博！❶
筑波実験植物園 180
まだまだ楽しい科博！❷
附属自然教育園 186

Contents

Chapter 2

ナショナルセンターとしての科博のこれからと新たな試み……193

博物館を遊び場に
親と子のたんけんひろば　コンパス……194

コミュニケーションで理解を深める
かはくのモノ語りワゴン……206

開かれた科学の現場
3万年前の航海　徹底再現プロジェクト……210

対談
成毛眞×藤野公之副館長
科博は進化しつづける——あとがきにかえて……218

研究者紹介……228

Re New
※リニューアルマークは、2015年7月の地球館リニューアルオープンに伴い新設されたエリアです。

※本書は、2016年6～9月に行われた取材をもとに、2017年2月現在の最新のデータに基づいて作成しています。

地球館探検ガイド

3F
Animals of the Earth / ComPaSS Exploration area for families with children
大地を駆ける生命／親と子のたんけんひろば コンパス

2F
Investigation Technology for the Earth / Progress in Science and Technology
科学技術で地球を探る／科学と技術の歩み

1F
Navigators on History of Earth / Biodiversity
地球史ナビゲーター／地球の多様な生き物たち

B1F
Evolution of Life —Exploring the Mysteries of Dinosaur Evolution—
地球環境の変動と生物の進化 —恐竜の謎を探る—

B2F
Evolution of Life —From the Earth's Origin through Human Existence—
地球環境の変動と生物の進化 —誕生と絶滅の不思議—

B3F
Exploring the Structure of Nature
自然のしくみを探る

Chapter 1

2015年夏、一部改修を経てバージョンアップした地球館。
さて、今度はどんなワクワクドキドキに出会えるだろう。
各フロアの担当研究者に楽しみ方のヒントを得ながら、
地球館の新たな顔となった1階の「地球史ナビゲーター」から
さっそく探検スタート！

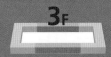

地球史を体感し生物の多様性に触れる

科博の地球館はどこからどう巡っても自由だが、テーマの壮大さを実感するならば、様々な生物がひしめくこの1階から歩くのがいい。

倉持先生の小気味いい語り口につい引き込まれてしまう

展示の苦労話や裏話を知るとますます興味が湧いてくる

案内人

倉持利明
動物研究部長
➔P016

地球館の1階は、宇宙・生命・人間の歴史を振り返る場と、多種多様な生物を知る場で構成されている。「宇宙の歴史は138億年前に、ビッグバンによって始まった」ということは、サイエンスファンなら誰もが知っていることだろう。ただし、そのビッグバンがどのようにして起こり、それがどのようにして今現在に至っているかを、理路整然《りろせいぜん》と間違えることなく語れる人は、そうはいないはずだ。宇宙の歴史はそれほどまでに、長くて深いものなのだ。

では、約40億年前に始まった生命の歴史なら、あるいは、何百万年か前に始まった人類の歴史についてなら知っているかというと、それもおぼつかない。どこかで学んだことを忘れてしまっているせいではない。その学説は、常にアップデートされているからだ。少し目を離すとあっという間に常識が変わる分野なのだ。だから、いろいろな本を読んで学ぶのも大切だが、学ぶ以前に感じることが大事だと思う。何を感じるかというと、宇宙・生命・人間の歴史の長さを、実感するのだ。

リニューアルしたばかりの地球史ナビゲーターを見るだけでも、何百万年という歴史を持つはずの人間がいかに偏在《へんざい》した存在で、短い歴史しか持っていないかがよくわかる。その奥にある大きな木々のあるコーナーを見れば、地球上にはたくさんの生命があることがわかる。今時の言葉を使えば、実に多様性に富んでいるのがこの世界なのだ。

それから、これは科博の狙いからは外れるかもしれないが、人に興味を持たせるための工夫も、この地球館からは学ぶことができる。説明を過剰にせず、もので勝負した展示はあくなき探究心を刺激してくれる。倉持先生の話し方も、実に好奇心をそそる。ぜひ目を皿のようにして、耳もしっかりとそばだてて、前後左右だけでなく、上にも下にも注意を払って巡ってほしい。

Navigators on History of Earth / Biodiversity

Re New

Navigators on History of Earth

地球史ナビゲーター

3つの巨大スクリーンが
宇宙・生命・人間の
壮大な歴史を映し出し
訪れた者の好奇心をかき立てる。
しばし日常を忘れて
138億年を遡る旅へ出よう。

地球館の玄関とでもいうべき場所にある地球史ナビゲーターはリニューアル後の目玉展示の一つだ

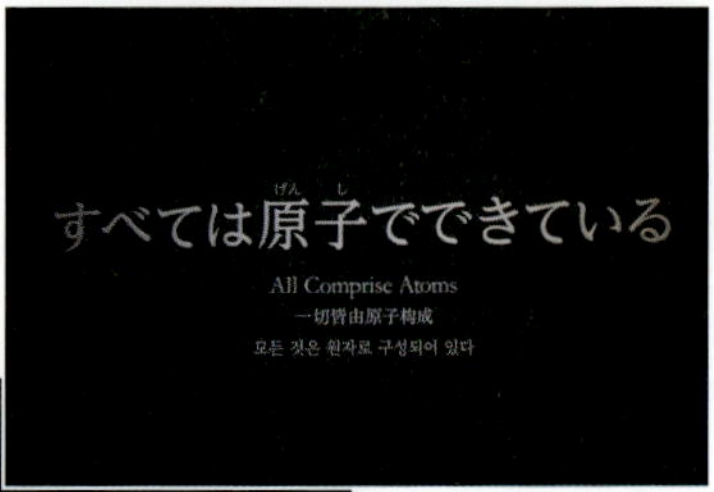

入り口のアニメーションと文字

ビッグバンの数秒後には最初の原子ができた。それを象徴的に見せるためにこの言葉を最初に掲げています。アニメーションも工夫しました 倉

Global Gallery Introduction

地球館イントロダクション

小さな工夫探しも
科博探検の醍醐味！

138億年の目盛り

見逃しがちな足元に目盛りが！138億年分の目盛りです。ここからたどると、ぐるりと取り囲む展示がいつの時代のものかがわかります 成

余計な説明はしない

成毛 ここは2015年のリニューアルで新しくなったスペースですが、いいですね。少し照明が暗くて、それだけで落ち着きますね。音楽もいいし、来館者の滞留時間《たいりゅうじかん》は相当長いのではないでしょうか。

倉持 癒やされるでしょう。文字も少ないですし。

成毛 科博は言葉での説明を極力排除していますよね。

倉持 少ないほうが、本当に伝えたい言葉が際立ちますからね。

成毛 この3面のスクリーンも迫力があります。

倉持 ちょうど今は、スペシャルモードの映像が流れています。

成毛 そんなモードがあるんですか？ 通ってみないと気づかな

巨大スクリーンと中央ステージ

3つのスクリーンに囲まれて鎮座するのはアロサウルスの骨格標本とJAXA（宇宙航空研究開発機構）から借りているひまわり1号のプロトフライトモデル、そして隕石です　倉

いですね。気づかないといえば、この足元の目盛り。これ、何ですか。

倉持　一目盛り、1億年です。

成毛　科博は、そういう説明もしませんよね。

倉持　隠れていると思うと、探して見つけたくなるでしょう？

レプリカはニセモノ？

成毛　この部屋の展示ではどこに苦労しましたか？

倉持　138億年続いている宇宙、約40億年の生命、わずか何百万年の人間。スケールがまったく異なるこの3つの歴史を並べて見せるのに苦労しましたね。

成毛　だからスクリーンが3分割されているんですね。可愛いアニメーションも流れますが、

**カンポ
デル シエロ隕石**

隕石は宇宙からの贈り物。これはアルゼンチンで1576年、日本では織田信長が安土城を築城し始めた年に見つかったものです 倉

アロサウルス

日本で初めて骨格標本として展示されたこのアロサウルスは地球館のスター。中央ホールに展示されていたこともありますが現在とはポーズが違います。以前は体を立たせていましたが、新しい学説に基づいて上半身を倒し、しっぽを上げた姿勢にしました 倉

かなり正確なんでしょうね。

倉持 デフォルメしても、きちんと種《しゅ》がわかるようにしています。動きについてもそうです。

成毛 中央のタイムラインステージにあるのは、隕石と、アロサウルスの骨格標本と、気象衛星ひまわり1号。

倉持 宇宙・生命・人間の歴史の象徴としての展示です。

成毛 なるほど。そしてそれを取り巻くように、それぞれの時代を代表するものが展示されています。しかも、ケースに入れず、むき出しのものが多いですね。

倉持 ケースに入れると、雰囲気が変わってしまいますから。

成毛 これらはリニューアル前に別の場所で展示されていたものですか？

倉持 購入したものもあります

Time Line Stage

タイムラインステージ

気象衛星ひまわり1号

これはプロトフライトモデル（予備機）。打ち上げてはいませんが、実際に打ち上げたものと同じ“ホンモノ”です。JAXAも多くの人に見てもらえて嬉しいでしょう　成

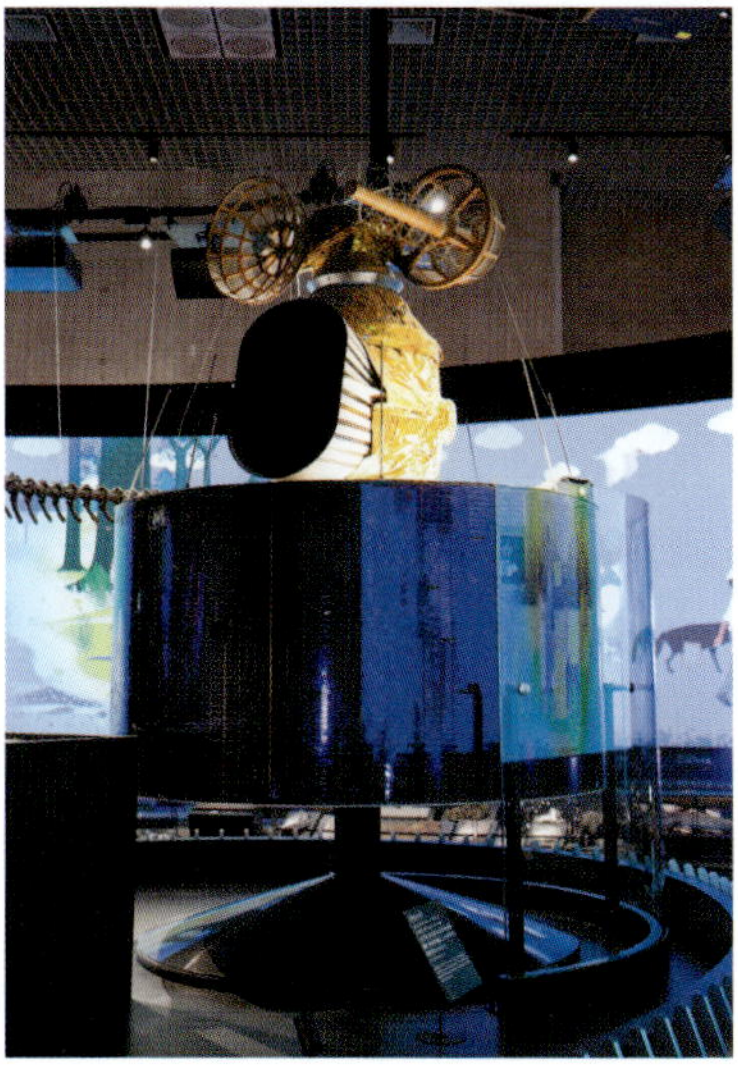

が、資料庫から出してきたものもかなりあります。収蔵品は約440万点あって、展示しているのはそのうちのごく一部なので。

成毛　まだまだお宝があるんですね。標本もあれば、レプリカもありますね。

倉持　そう、「標本」と「レプリカ」です。ホンモノ・ニセモノという言い方をする人もいますが、レプリカはニセモノではないんです。研究者が研究に使う、客観性のあるものですから。

138億分の2

成毛　それにしてもこのアロサウルス、どこかで見たことがあるような気がします。

倉持　以前は、日本館のホールで皆さんをお迎えしていました。

触れる始祖鳥

大英自然史博物館にある始祖鳥の化石のレプリカ。ただのレプリカではつまらないので、触れるように鋳物で作りました　倉

科博の顔だったんですよ。

成毛　どうりで。でもどこか違うなあ。

倉持　ポーズが違うんです。新しい学説に基づいて、ポーズを変えました。

成毛　そういう変化を見つけるのも科博の楽しみ方ですね。ところで、このアロサウルスには、有名なティラノサウルスの「スー」のように名前はついているんですか？

倉持　ついていません。つけるとしたら、ユウキチかな。

成毛　ユウキチ？

倉持　小川勇吉《おがわゆうきち》さんというアメリカ在住の実業家の方が、当時、日本には恐竜の骨格標本がないことを知って、所有するホテルを売却し、アメリカのユタ州で進められていた発掘事業に寄付

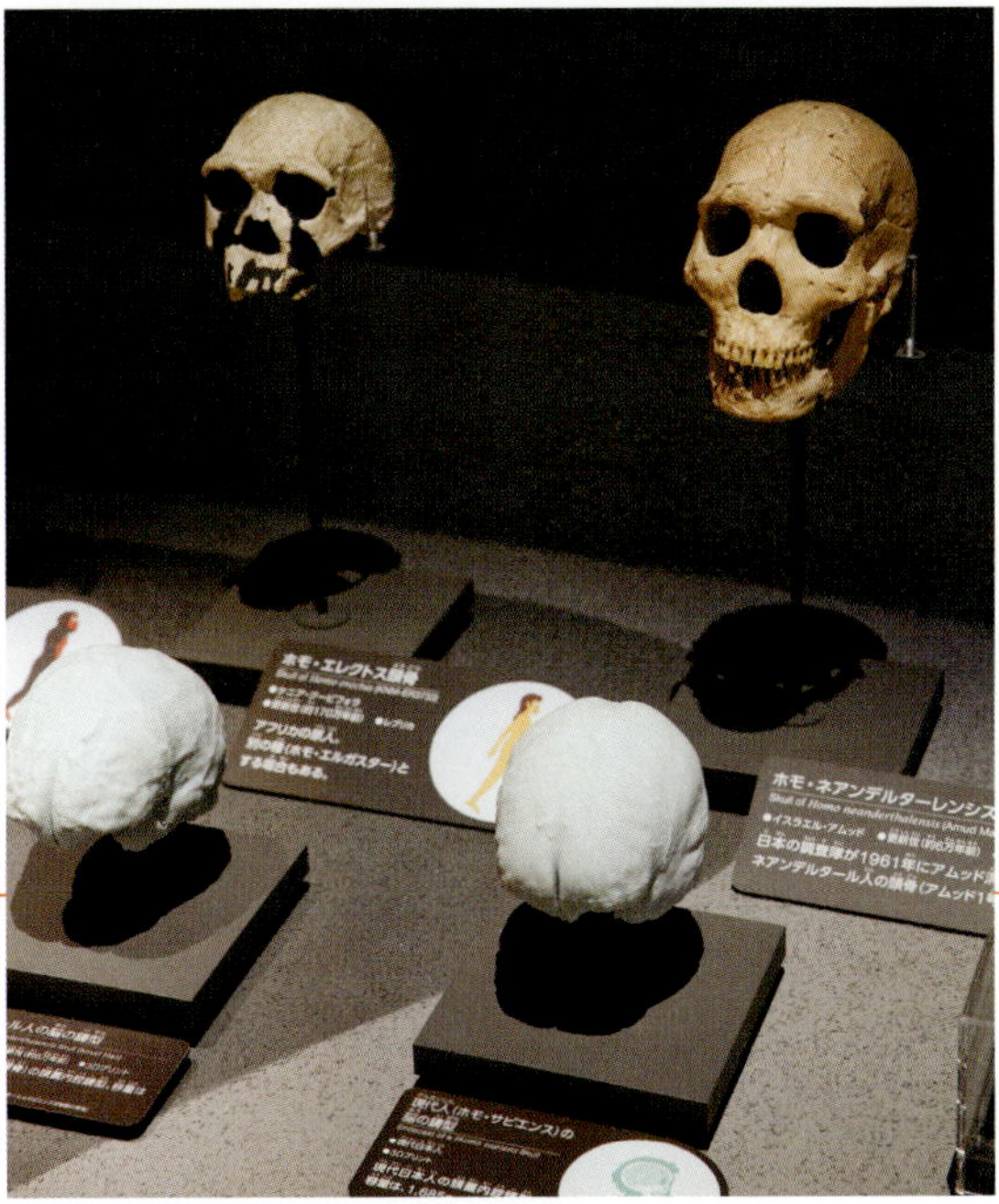

ネアンデルタール人と
ホモ・サピエンスの頭骨と脳

脳はだんだん大きくなりましたが、ネアンデルタール人と現代人の脳の大きさは実はあまり変わりません。脳の鋳型は3Dプリンターで作ったそうですよ ㊗成

History of the Universe
History of Life
History of Humankind

宇宙史・生命史・人間史

片麻岩

地球最古の岩石、片麻岩。38億年とか、40億年前の堆積物などが変成したものです ㊗倉

し、そして手に入れたこの化石を、寄贈してくださったんです。

成毛　それはありがたいですね。

倉持　それに、ここに展示しておけばたくさんの人に見てもらえます。ですから私たちも、研究が済んだものは死蔵《しぞう》させずにできるだけ見せたいと思いますし、展示も一生懸命作り込むんですよ。

成毛　ここのリニューアルにはどれくらいかかったんですか?

倉持　2年間くらいですね。外部の映像業者の方とも何度も何度もやり取りして、場合によってはやり直してもらいながら、なんとか。おかげでいい展示室になりました。振り返ってみると長かったですが、でも宇宙の138億年の歴史に比べたら、ほんの一瞬ですね。

ここにも注目！

倉持先生の研究用具

{ Check 1 }

理工学の展示品には何を選ぶかかなり頭を悩ませたそうで、見栄えも考慮して、科博のスタッフの他、企業の方にも協力を仰いで集めたものが並んでいる。このうち「生命科学の研究用具」は倉持先生が実際に使っていたもの。

服なども、
すぐに流行遅れに
なるものは
選びませんでした

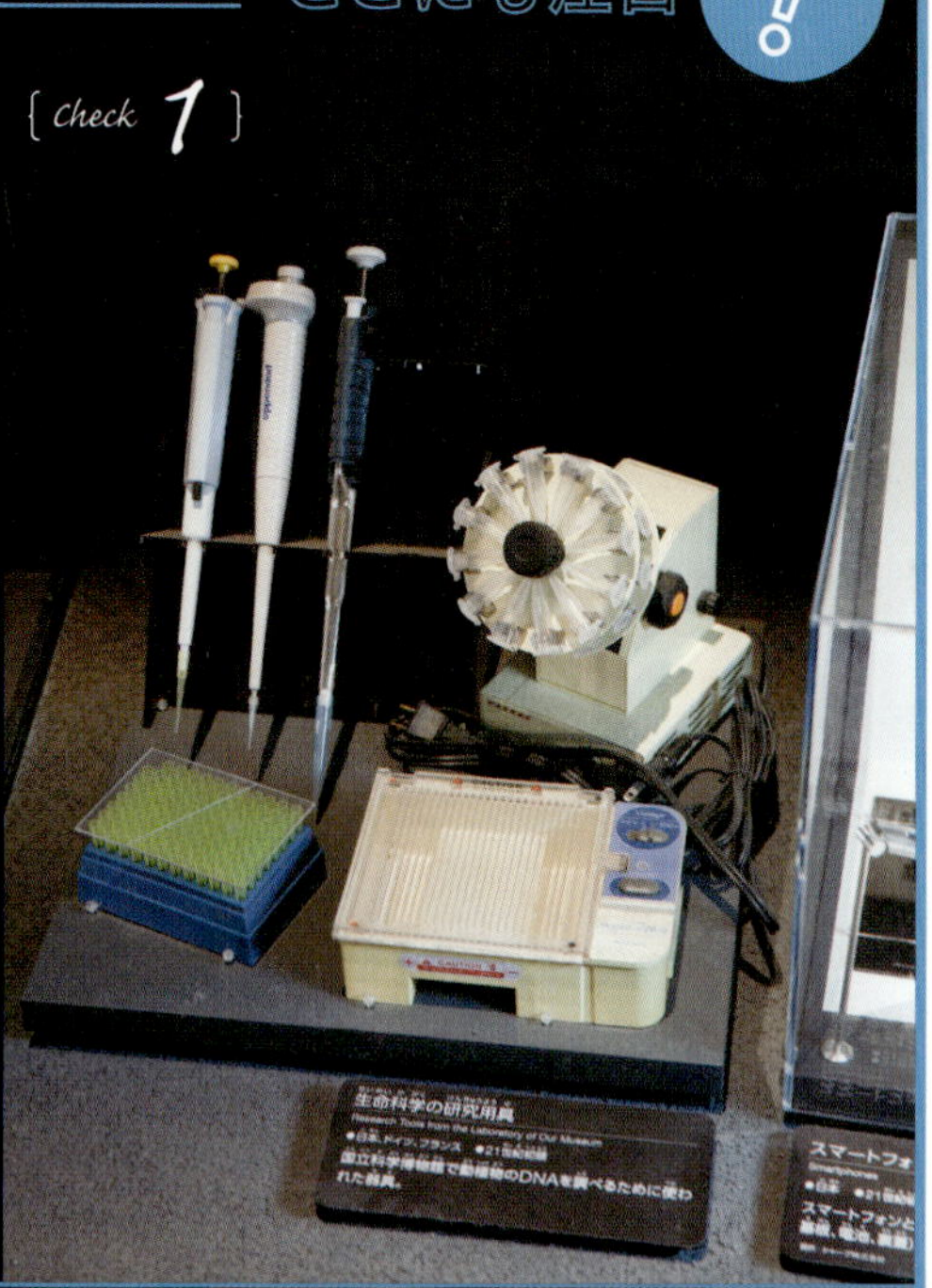

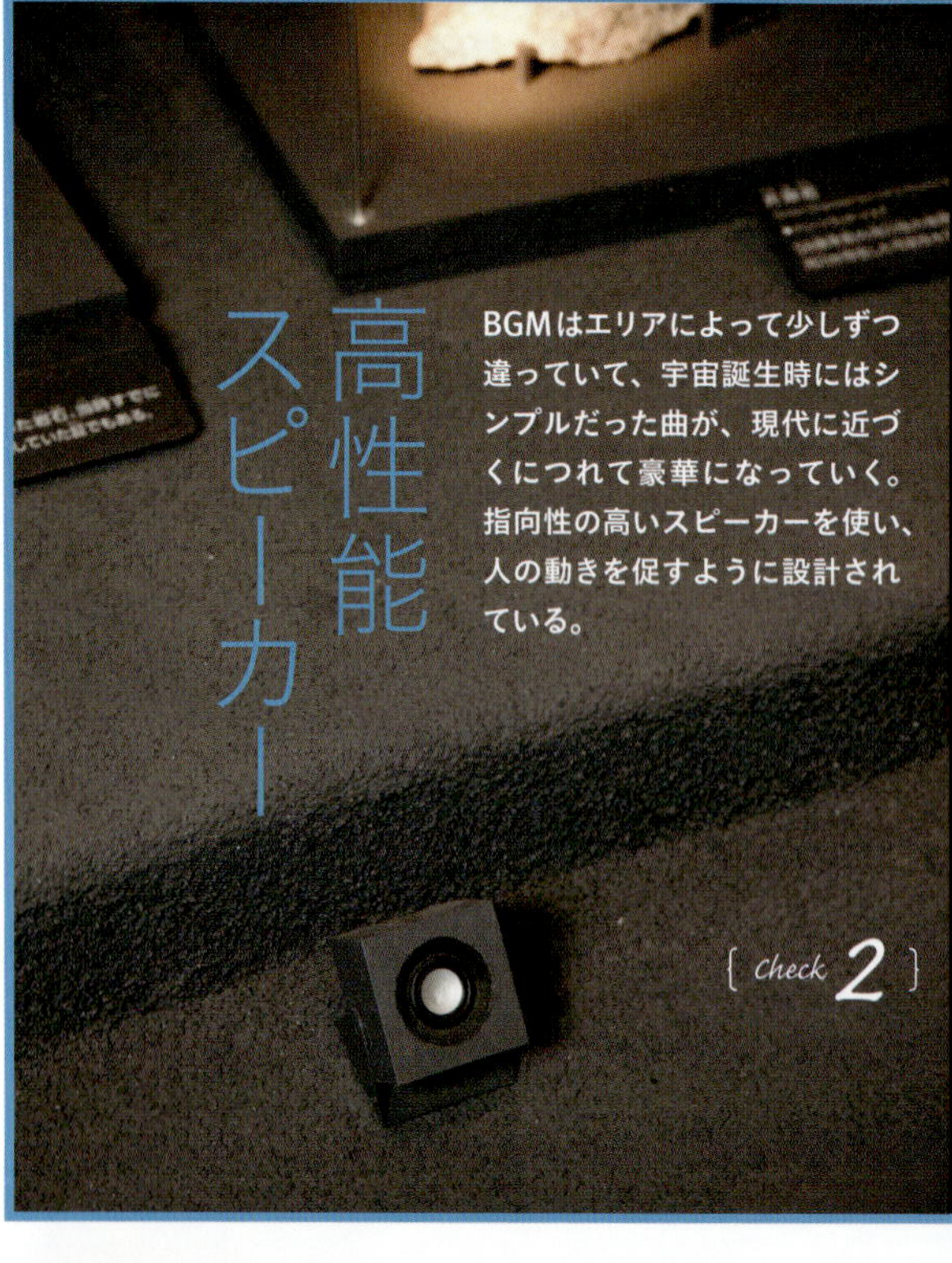

高性能スピーカー

BGMはエリアによって少しずつ違っていて、宇宙誕生時にはシンプルだった曲が、現代に近づくにつれて豪華になっていく。指向性の高いスピーカーを使い、人の動きを促すように設計されている。

{ Check 2 }

足元の私が
さりげなく皆さんを
ナビゲートします

展示物に紛れるように配置された小さなスピーカーたちがいい働きをしている

Diversity of Marine Life

海洋生物の多様性

見ても学んでも楽しい海の生き物たち。
標本のなかには、今では採取できない貴重なものも含まれている。

ナンキョクオキアミ

私としてはこれが最大の目玉！　世界の栄養を支える重要な存在です。展示のため、研究者の知人に採集してきてもらいました　倉

Undersea Exploration

海底散歩

サンゴ礁

今では採集制限されているサンゴも展示されています。その大切さを伝える資料としても、とても意義の深い展示です　成

運送業者が大活躍

成毛　倉持先生、ちょっと待ってください。この通路のような空間にも、実に多くの展示があるんですね。

倉持　よく気づいてくれました。実はリニューアルでなくなるかもしれなかったコーナーなんです。もともと地球史ナビゲーターの場所にあったジオラマで展示していたものから、選りすぐりをここに凝縮しました。

成毛　天井からも何匹もの魚、そしてラッコも吊られています。これも研究者の方が脚立に乗って展示するんですか。

倉持　いえ、高所作業が得意なプロにお願いします。科博の研究・収蔵施設は２０１２年に東京・新宿から茨城・つくばに移

協力：JAMSTEC

スケーリーフット

ここ10～20年くらいで深海探査はすごく進みました。このスケーリーフットは地味だけど、すごく貴重なもの。JAMSTEC（海洋研究開発機構）からお借りしています 倉

ラッコ

このラッコは10年選手。傷んでいたのでリニューアルにあわせてきれいに修復しました。エサを獲りに潜る場面を再現しています 倉

転しましたが、そのときの引っ越しを請け負ってくれたのも同じ運送業者です。

成毛　国のお宝の引っ越しを請け負うなんて、気が遠くなりそうです。

南極の生き物に注目

成毛　このコーナーの見どころを一つ挙げるとどこでしょう。

倉持　これだけの数はもう揃えられないという意味では、このサンゴ礁。あと、ほとんどがリニューアル前の展示の再利用ですが、南極のパートは新設しました。ですから、南極の周りにしかいないダンダライルカのレプリカなども初お目見えです。

成毛　とても素通りできる通路ではありませんね。

Diversity of Terrestrial Life

陸上生物の多様性

地球上には様々な気候があり
そこに適した植物があり、動物がすんでいる。
互いの関係を再現したのがこの展示。
細部まで目を凝らして見てみよう。
思わぬところにも、小さな命が潜んでいる。

天井の高さを活かしたダイナミックな展示は迫力満点だ

熱帯雨林・湿原・温帯林

絞め殺しの木

「絞め殺しの木」は俗称で、熱帯地域のイチジク属や一部のツル植物のこと。他の木などに巻きついて、絞め殺すように成長することからそう呼ばれます 倉

熱帯雨林と砂漠が同居

成毛 ここはまるでジャングルのようですね。

倉持 でも実は、熱帯雨林だけではなく、奥にはマングローブも湿原も、高山も乾燥地帯もあって、それぞれの景観を代表するものを展示しています。

成毛 仮想的な空間なんですね。この大きな木は何ですか？

倉持 絞め殺しの木の展示ですね。高さ70メートルあったんですが、その下の部分です。3分割して、インドネシアのボルネオ島から持ってきました。

成毛 絡まったツルも一緒に？

倉持 もちろん。その絡まっているものが展示の目的ですから。ちなみに、これは正確にはツルではなくて、根っこです。

もう手に入らない木

成毛 伐採《ばっさい》には、許可や手続きが必要ですよね。

倉持 地主さんに交渉して、その土地の一番背の高い木を切らせてもらいました。今はルール上、この木を伐採することができないので、絶対に手放せないし、ずっと展示するつもりです。

成毛 メンテナンスが大変そう。

倉持 防《ぼう》腐《ふ》剤《ざい》を打って、表面はコーティングしています。

成毛 ここにある木は、すべて実物の標本ですか？

倉持 レプリカもありますよ。

成毛 え！ すごいクオリティ。パッと見では区別できません。

レプリカの木の昆虫

レプリカだからこそ、こういった展示の仕方もできます。科博のこういう細かい工夫がたまらないんですよね 成

レプリカの木

これは北上山地のブナのレプリカです。伐採の許可が出なかったのでコケも葉も現地で型取りして作りました 倉

潜むネズミ

このネズミがどこにいるかは、このコーナーを探検するつもりで、皆さんで探してみてください 倉

熱帯雨林の１本の木から採集した昆虫とクモ

その数、1万2382匹。熱帯雨林をテーマにすると決まったとき、研究者が提案してきた展示です。採集の様子は手前のモニターで見られます　倉

虫、１万２３８２匹！

成毛　これは……全部、虫？

倉持　はい。マレーシアのエンダウ・ロンピン自然保護区にある一本の木に生息する昆虫とクモの標本です。熱帯雨林の木の高いところにはまだ名前のない虫がたくさんいるのです。２００４年の地球館グランドオープンにともなって、ここに熱帯雨林を再現する話が出たとき、担当者がこのアイデアを提案してきました。きっと長年温めていたのでしょう。

成毛　他の博物館にこういう展示はありますか？

倉持　ないはずです。やると決まったら、あっという間にメンバーを集めて、２００３年に実行に移しました。虫をどうやっ

有志によってきれいに並べられていますが、なかには肉眼で見えないほど小さなものもあります　成

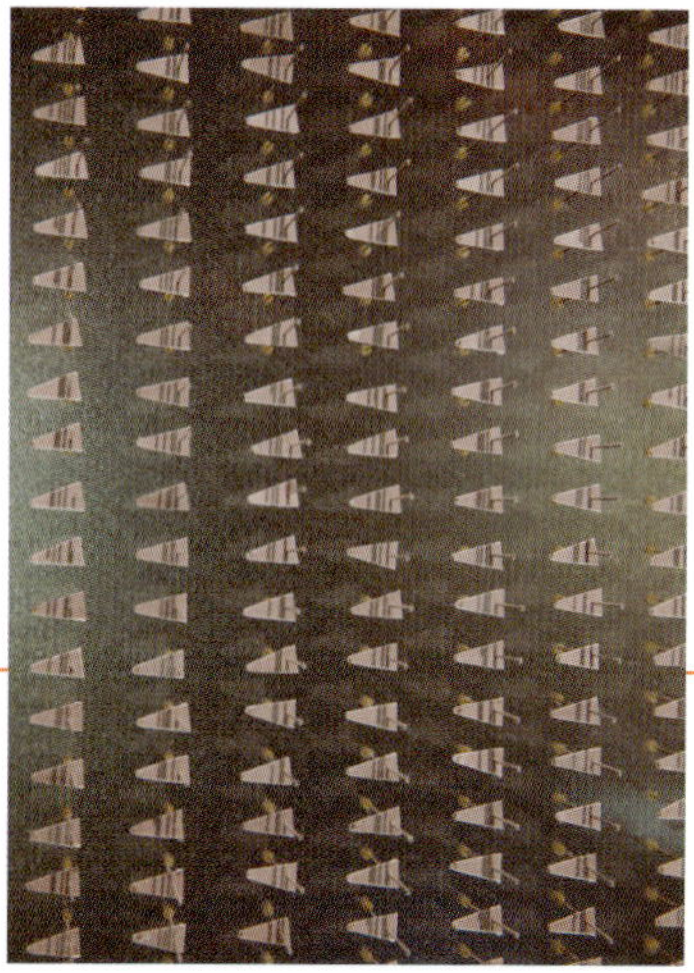

Insects and Spiders that live in one tree

一本の木にすむ昆虫とクモ

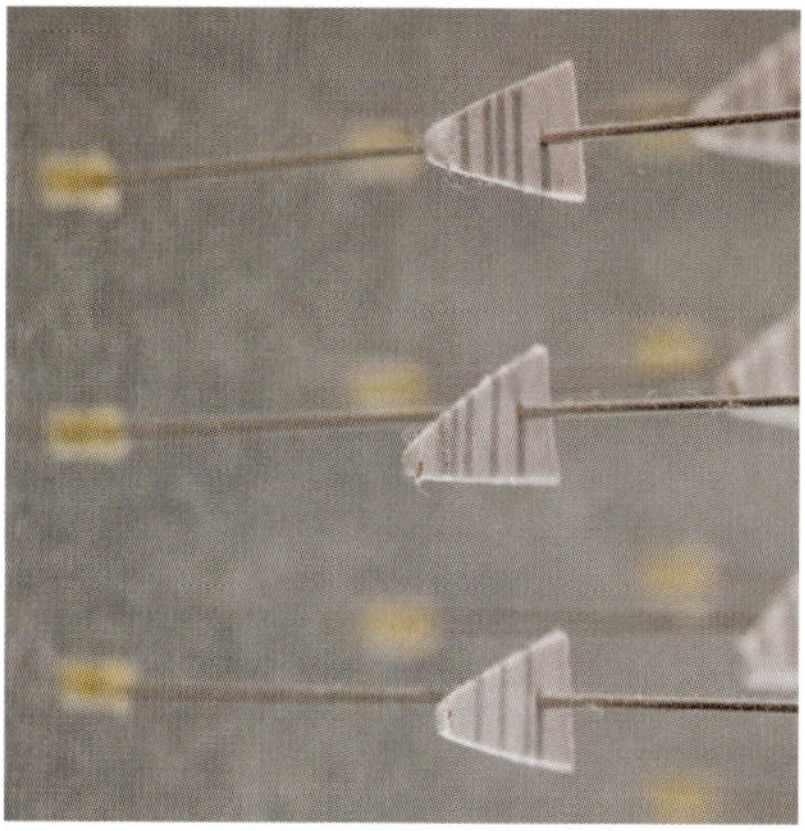

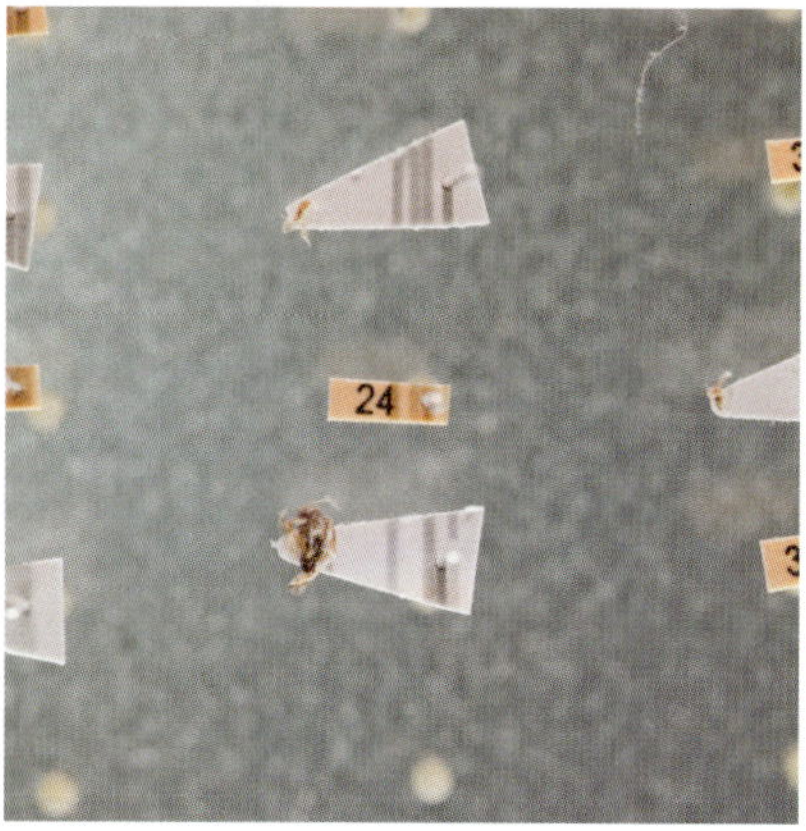

て集めたのかは、付設のモニターで見ていただければと思います。今は熱帯雨林で殺虫剤を撒《ま》くなんてことはできないので、貴重な展示ですね。

成毛　なかには肉眼で見えないほど小さなものもあります。当然のことながら、手作業で標本化しているんですよね。

倉持　もちろん。研究者だけではできないので、昆虫好きな人にアルバイトに来てもらったりしました。

成毛　いくら好きでも、この作業は気が遠くなりそうだなあ。

倉持　展示方法も工夫しています。アクリル板に規則的に穴を開けて、そこにシリコンを入れて、そのシリコンに一つ一つ刺しています。見やすいし、数えやすいでしょ。

Alpine Regions / Deserts

高山・砂漠

型取りにリハーサル

成毛　このセイタカダイオウという強そうな名前の植物は、レプリカなんですね。

倉持　大変だったんですよ。チベットの大学の協力を得て採集の許可は出たけれど、日本への持ち出しが許されなかったので、業者に同行してもらってその場で葉の型を一枚一枚取ってきました。リハーサルもしたんです。

成毛　リハーサル?

倉持　標高が４０００メートルを超えるような土地ですから、型取りの材料が固まるかどうか、シミュレーションをしたんです。

成毛　高山病は大丈夫だったのでしょうか。

倉持　帰ってきた翌日には普通に仕事をしていたようですよ。

セイタカダイオウ

採集は許可されましたが、日本への持ち出しは禁止。業者をチベットに連れて行って作った執念のレプリカです　倉

代謝を落として長生き

成毛　ここは砂漠の植物ですね。

倉持　植物だけではないですよ。

成毛　鳥がいますね。あとは……あ！　トカゲがいる！

倉持　見事に擬態《ぎたい》しているでしょう。こうやって動物も展示しているのは、多様性を感じ取ってほしいからです。

成毛　この、風になびいたような枝の木は何でしょうか。

倉持　コトカケヤナギですね。水に乏しい地域で、代謝を落として長生きする木です。これは

タクラマカン砂漠と擬態するトカゲ

擬態するトカゲを簡単に見つけるには、トカゲだけにカゲを探すこと。擬態する動物探しのコツです (倉)

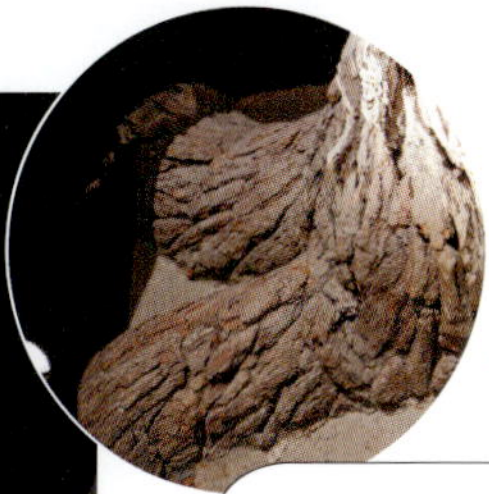

生命力を感じられるこの根は、覗き込んでチェック！

コトカケヤナギ

ポプラの一種で、コヨウとも呼ばれます。水源を求めて、横へ横へと根を伸ばすのが特徴です (倉)

あまり苦労せず採取できました。

成毛　なぜでしょう。

倉持　水を求めた根が、縦に深くではなく、横に浅く広がっていたからです。何十年に一度の雨で蓄えられた水を求めて、横へ伸びていくんです。

生命とは何か

What is Life?

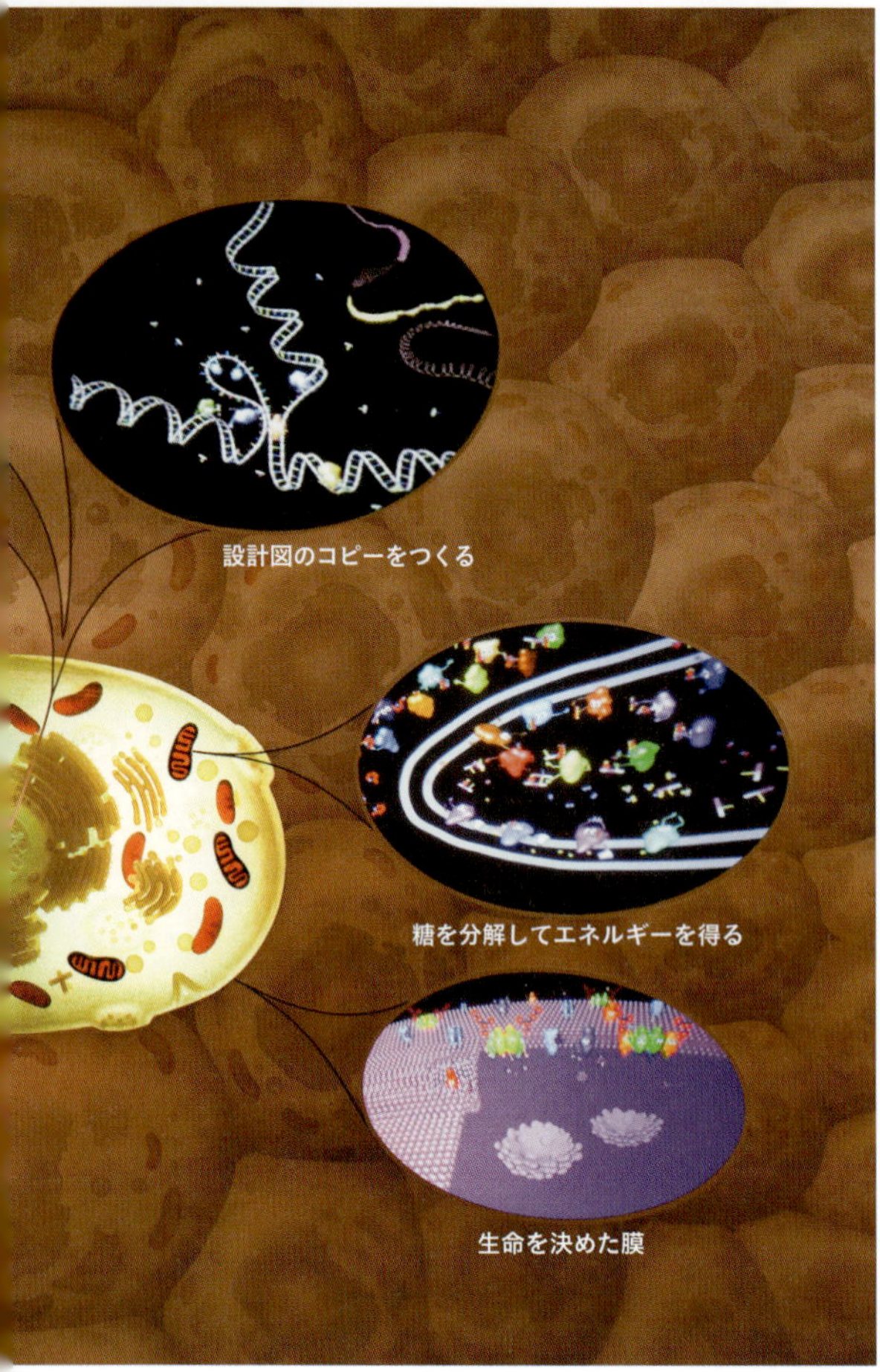
設計図のコピーをつくる
糖を分解してエネルギーを得る
生命を決めた膜

キャラクターのデザインは私が担当しました。一匹一匹は酵素です　倉

効率よく化学エネルギーを獲得しますが、そこには

TCA回路

酸素呼吸を行う生物に見られるエネルギー代謝回路を、TCA回路といいます　倉

生命のメカニズムを展示

成毛　次のコーナーは少し毛色が違いますね。

倉持　多様性はどこから来ているのかを考えると、生命とは何かという根本的な疑問につきあたります。このコーナーではその生命について展示しています。

成毛　難しそうな印象を受けますが、ホログラムなどを使って親しみやすくなっていますね。

倉持　アイデア作りにはだいぶ時間がかかりましたよ。

成毛　この映像もよくできていますね。ネットで公開してほしいほどです。教育関係者は参考になると思うなあ。

倉持　見たい方はぜひ当館へ足を運んでください。

成毛　なるほど（笑）。

現存する生命の「しくみ」は
ただ一つである。

現存する生命の「しくみ」はただ一つである。

このフレーズも印象的です。ほとんど文字による解説がないだけに、より考えさせられます (成)

生命の誕生ゲーム

説明なしでも遊べるゲーム。実はこれ、生命の誕生を模しているんです。科博だから、内容の正しさも折り紙つきです (成)

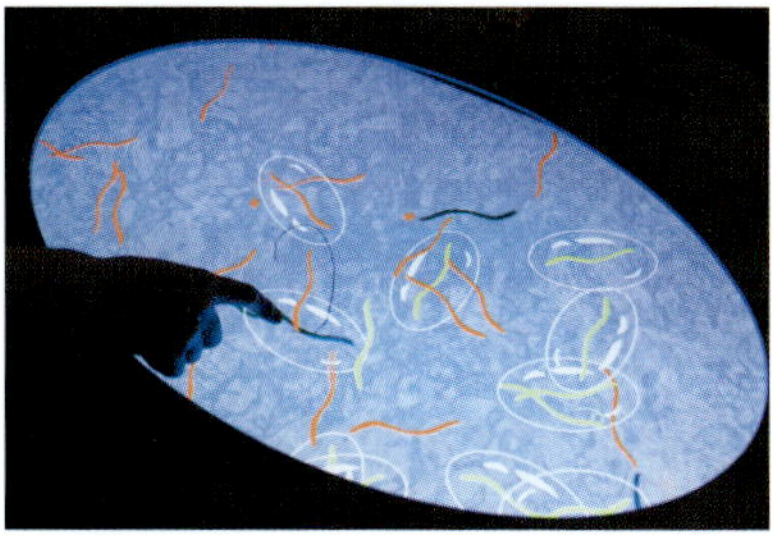

設計図をもとに
タンパク質を合成する
太陽エネルギーをとらえる

ただ一つなのに、多様

成毛 ゲームもありますね。

倉持 DNAです。画面に輪を描くと、分裂します。

成毛 本当だ、面白いですね。これはいつ作ったんですか。

倉持 2004年です。

成毛 当時の技術でこれはすごい。こっちには教科書で見慣れた細胞の模型もありますね。

倉持 でも、世の中にある細胞模型を見ると「こうじゃない」と思うものも多いんです。ですから、ちゃんと作りました。

成毛 壁の文字も気になります。

倉持 〝現存する生命の「しくみ」はただ一つである。〟

成毛 ただ一つなのに、生物は多様で多彩。そこが不思議で魅力でもあるんですよね。

生物。その一言で表される範囲は
驚くほど広く、多様で、多彩だ。
立体図鑑のような空間に身を置くと
それぞれの違いと共通点、
そして関わり合いが
自ずと浮かび上がってくる。

1階の3分の1を占めるスペースでは、生物の進化の歴史を目で見られる

1F

Tree of Life

系統広場

昆虫

マニアには垂涎のクワガタコレクション。大きさも色も実に多彩です　成

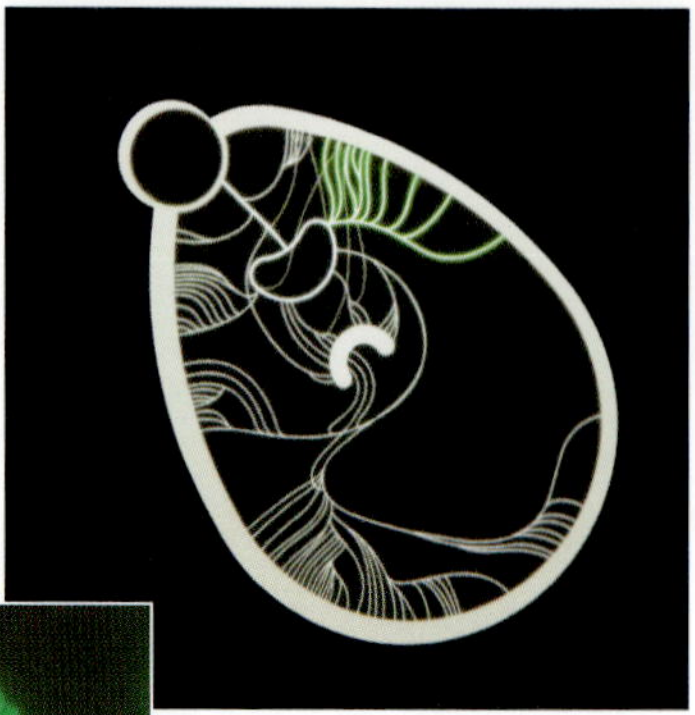

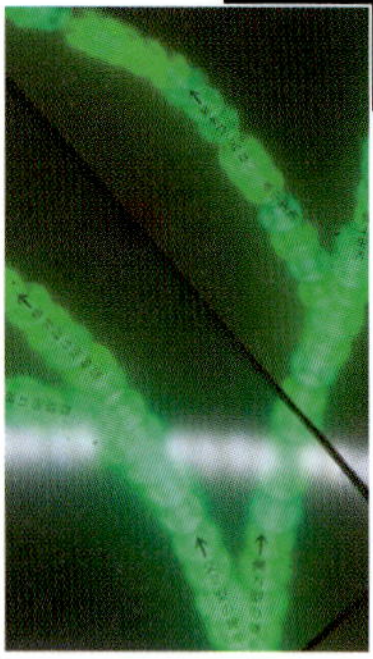

床の系統図／柱の表示

この部屋の床には、LEDを使ってこんな系統図が描かれています。たどっていくと、お目当ての展示が見られますよ　倉

Beautiful display

美しすぎる展示

ガラス床下のLED

青色LEDが使われていますね。ここを作った2004年にはまだ高価だったはずなのですが、分類の都合上、青を使いたかったのでしょう　成

まるでリアル図鑑

成毛　地球館1階の一番奥までやってきましたが、広々と明るい空間ですね。そして取り巻くように、多くの動植物の標本がきれいに展示されています。

倉持　今、150万から200万の種《しゅ》が知られていますが、それぞれにスペースを比例配分し、目《もく》のレベルまで3000点の標本で網羅《もうら》しています。

成毛　まさにリアル生物図鑑ですね。もの集めに苦労しませんでしたか？

倉持　しました。それぞれの担当者にもいろいろリクエストしました。

成毛　何名くらいの研究者が関わっているんですか。

倉持　動物植物の全員ですから、

カニ・エビ

カニやエビなどの甲殻類も、こうして見ると美しいですね。どれがおいしいかな？とも思ってしまいます　成

二十数名です。これは総力戦で臨む必要がありました。

成毛　立派すぎて、ここに住みたいと思うくらいです。でも寝るにはちょっと床が固いかな。あれ？　この、意味ありげな床の光のラインは何ですか？

倉持　系統《けいとう》を表現しています。光のラインをたどると……。

成毛　なるほど、そこに分類される生物の展示に行き当たるわけですね。よくできているなぁ。それに、この光はLEDですね。

倉持　そうです。電球という話もありましたが、切れるたびに取り替えるのは大変でしょう？　だからLEDにしました。当時は高額だった青色も使っています。だから、2014年に青色LEDの発明に関して3人の日本人がノーベル物理学賞を受賞

魚　魚の標本は、剥製または樹脂を浸み込ませて乾燥させるプラスティネーションという手法で作ります。大きな魚の場合は皮を剥いで、中身を食べることもあるらしいです　㊟倉

したとき、とても嬉しかったですよ。

成毛　その気持ち、わかります。

分類学に間違いはない

倉持　嬉しいといえば、こんなこともありました。当時、1997年に出た前口動物《ぜんこうどうぶつ》が二分岐して触手冠動物《しょくしゅかんどうぶつ》と脱皮動物《だっぴどうぶつ》になるという新しい学説を採用するか、古典的な学説でいくか迷ったんです。いろいろ調査して、新しい学説を採用したのですが、正直賭けでした。でも今はそれが主流になっています。

成毛　今後も、新しい学説が登場し、それが主流になることもありますね。

倉持　あります。そうなれば改修が必要になります。実はもうすでに、鳥や植物の分野で分類方法が変わっているものがあります。でも、いちいち騒がないことですね。分類学に間違いはありません。今はこうで、かつてはこうだったということです。

成毛　おおらかな学問ですね。

倉持　もう一つ、嬉しかった話をしますと、この展示の公開後に科博の広報誌（『国立科学博物館ニュース第431号』）に、ある来館者が撮ったここの写真が掲載されたんです。その写真のタイトルが「美しすぎる展示室」。やっと褒められた気がして、嬉しかったですね。

成毛　中2階にあるレストランの窓からはこの景色が見下ろせるんですよね。

倉持　せっかくだから、上からもぜひ見てほしいですね。

植物　ガラスの間に植物標本が挟まっているように見えますが、これはアクリル包埋で作っています。アクリルは紫外線をカットするので色持ちがいいんです　倉

Strategies for Survival Adaptation

自然を生き抜く工夫

生きることは、試練だ。
試練に打ち勝つため、
生物は様々に工夫を凝らす。
その知恵としたたかさに
人間は思わず頭を垂れる。

キクイムシ

「害虫」扱いされることが多いですが、キクイムシは必死に生きています。ちょっとした仕掛け展示になっているので、それも見てください 倉

Symbiosis and Parasitism

共生と寄生

内生菌根

実際は小さな小さな部分を、大きく拡大して見せようと思って作ったものです。こういう工夫をするときには、研究するときとは違う頭の使い方をします 倉

関わり合いの生物学

倉持 ここは通路の左右に展示があって、ちょっと出店《でみせ》的でいいでしょ？

成毛 見ていてワクワクしますね。上にはマッコウクジラがいますし、ダイオウイカもここに展示されているんですね。

倉持 他にも、生物たちの生きる工夫がたくさん展示されています。

成毛 ここまで、生物の多様性についていろいろと教えていただきましたが、倉持先生のご専門は何でしょうか。

倉持 共生と寄生、関わり合いの生物学が私の専門です。そしてこの先が、まさにその共生と寄生の展示です。

ミンククジラの腸

これは私の傑作。寄生虫は、一匹で見ても面白くないから、寄生しているところを見てもらうのが一番です 倉

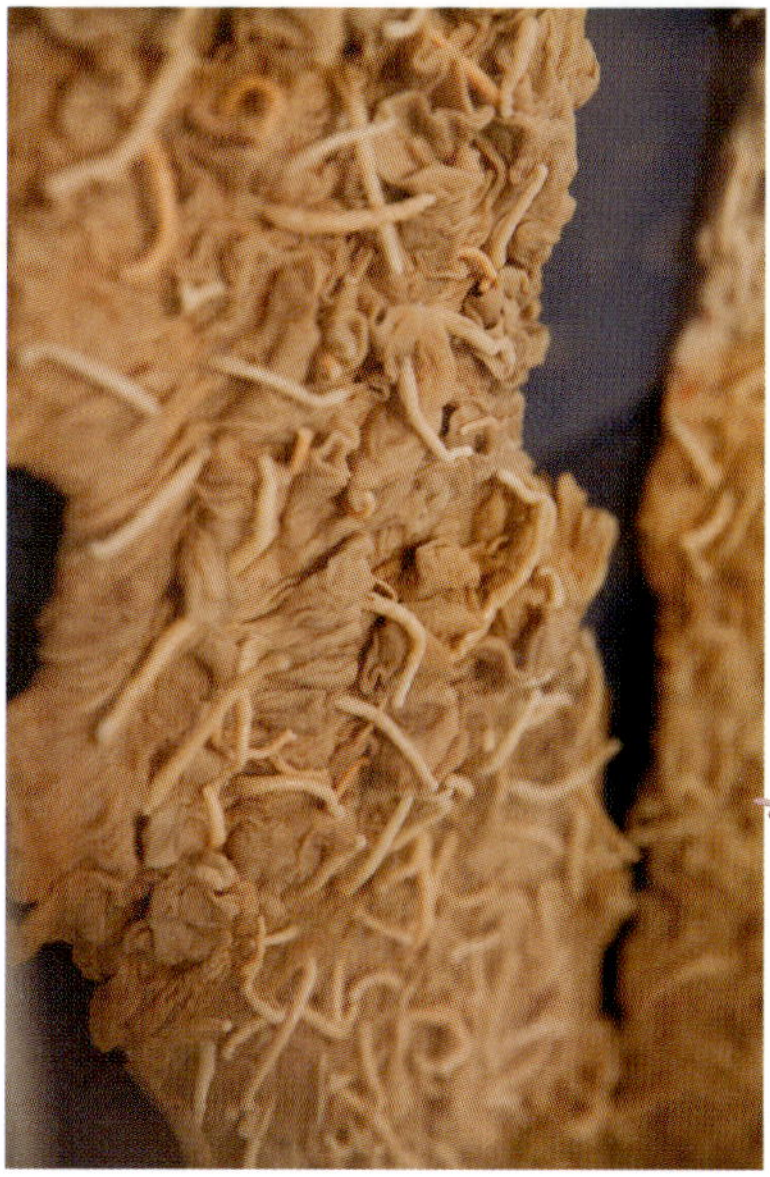

ミンククジラの腸の鉤頭虫

ミンククジラの腸にすむ鉤頭虫はこれだけいても一種類なんだそうです　成

Bolbosoma nipponicum

クジラの腸の寄生虫

寄生虫からわかること

成毛　ここは、ちまちましたマニアックな展示ばかりですね。展示自体もすごく工夫してある。

倉持　そういうところにも気づいてくれると嬉しいですね。

成毛　うわ、これはすごい迫力。

倉持　ミンククジラの腸です。よく見てください。鉤頭虫《こうとうちゅう》という寄生虫が寄生しています。

成毛　ものすごい数ですね。

倉持　寄生虫だけ展示してもわからないですが、実際に寄生されている腸を展示すると、その数がリアルにわかるんです。

成毛　これは特に多いですか？

倉持　いえ。ミンククジラの腸にはこれくらいたくさんの寄生虫がいるものなんですよ。媒介《ばいかい》しているのは、オキアミです。だから、北太平洋にいるミンククジラは、一度は北海道の近くでオキアミを食べているんです。

成毛　そんなことまでわかるんですね。この腸はどうやって手に入れたんですか。

倉持　調査捕鯨船に乗っている知り合いの研究者に依頼しました。

成毛　標本にするのも大変そう。

倉持　この虫に樹脂がなかなか入っていかなくて、業者さんはかなり苦労したようです。

暮らしのなかの科学技術

科学と技術。混同されることの多いこの二つを身近に、
またダイナミックに感じられるこのフロアは、好奇心を激しく刺激する。

生ける科学技術史・鈴木先生の解説には驚かされるばかり

2F

地球館
Global Gallery

前島先生は身体を張ってデモンストレーションを見せてくれた

案内人

鈴木一義
産業技術史資料情報センター
センター長
→P060

前島正裕
理工学研究部
グループ長
→P076 →P050

地球館の2階は、生活を支える技術と、その基礎になる科学が具体的な形で展示されている。ボクはマイクロソフトの社長だったことがあるので、コンピューターの長い歴史の一部をその発展とともに歩んできたという自負がある。実際に仕事で関わったのは十数年ほどだが、その間には大きな変化があった。そしてその後の変化も急速だ。

　たとえば、スマホ。今では誰もが当たり前のように使っているが、誕生したのはほんの10年ほど前。初代iPhoneが発表されたのは2007年1月だから、瞬く間にそれが普及し、当然の存在になったのがわかるだろう。今や、スマホなしでの生活は考えられなくなっている。ボクも、スマホを手にする以前の生活がどんなものだったか、もう思い出せない。

　こんな風に我々の生活を変える商品が生まれてくるのは、物理学があるからだ。スマホではなぜ、通話ができてWi-Fi経由でインターネットに接続できるかというと、電磁波を利用しているからだし、液晶画面は光の偏光《へんこう》という特性をうまく利用して作られている。それを実感させられる前島先生の〝ツンデレ〟解説にはうならされた。

$rotE=-\frac{\partial B}{\partial t}$
$rotH=j+\frac{\partial D}{\partial t}$
$divD=\rho$
$divB=0$

　こういったことを、体験を通して実感できる場が科博にはある。体験したことのある人とない人とでは、スマホに代表される、生活に溶け込んでいる科学と技術に触れたときに感じることが違うだろうし、ひらめくアイデアも異なったものになるだろう。アイデアといえば、過去に日本で盛んに使われていたもの、普及したもののなかにもそのヒントを見出すことができる。様々な現物に彩られた科学技術史のコーナーは、ノスタルジーに浸るためだけの場ではないのだ。生ける科学技術史・鈴木先生の、立て板に水の話を聞きながらその場を歩いている時間は至福の時だった。

Re New

Investigation Technology for the Earth

科学技術で地球を探る

床の模様は伝播していく電磁波をイメージしている

闇に輝きをもたらす光も
遥か遠くとのやりとりを司る電波も
電磁波の一種だ。
目に見えないことの多いその電磁波は
私たちの生活を快適にしている。
人間をはじめとした生物と
電磁波との関わりは深い。

$rot E = -\frac{\partial B}{\partial t}$
$rot H = j + \frac{\partial D}{\partial t}$
$div D = \rho$
$div B = 0$

地球観測データ表示システム

地球防衛軍の司令室のような空間には、今しがた観測された様々なデータが表示されています　成

司令官気分を味わおう

成毛　これは素晴らしい空間ですね。ＳＦに出てくる架空の国の司令長官室のようです。

前島　正面のスクリーンに、地球やその周辺の様々な観測データが表示されています。気になるものがあれば、画面に手をかざしてみてください。

成毛　こうですか？　あ、画面が大きくなって詳細が表示されました。これはサイバーというか、近未来感がありますね。データは何種類あるんですか？

前島　28種類です。研究者の方も使うデータを揃えています。

成毛　素人にも十分面白く、何時間でもここで過ごせそうです。ただ、この空間は新しいものばかりがあるわけではないですね。

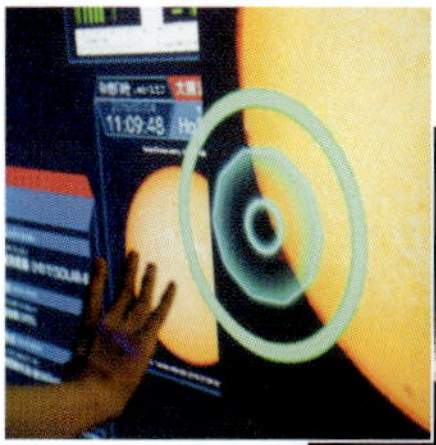

重力振り子

日本で最初に行われた重力値の決定に使われた振り子です。日本の科学の歩みを示す証拠品です　前

GED (Global Environmental Detector)

観測ステーション

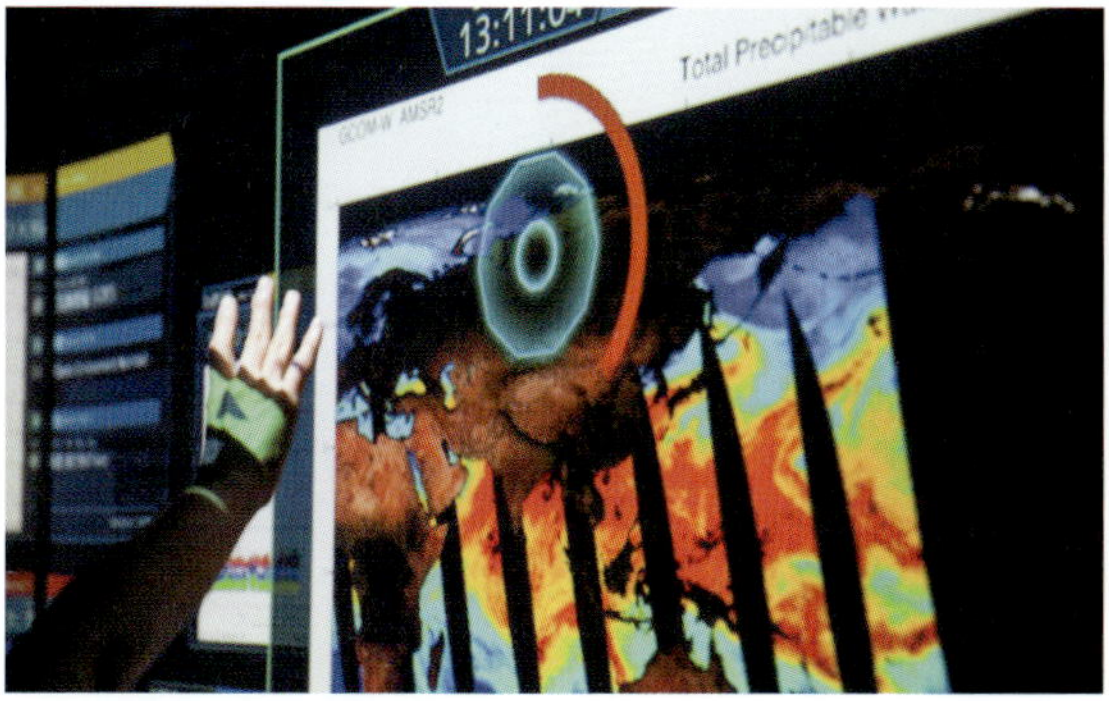

現在の気温や太陽活動の様子など、28の観測データが見られます　前

目を凝らしてみると、周囲にはずいぶんと懐かしいものが展示されています。

前島　この観測室は、スクリーンの右側にある真空管と、左側にあるコンピューターで動いています。

成毛　え、まさか。

前島　冗談です。今から見れば古いものも、当時は最先端であったわけで、現代の最先端の科学や技術も、このような真空管と半導体の発達によって可能となりました。

成毛　背後には、クラシカルな測定器もありますね。

前島　過去の積み重ねの上に現代とその先の未来があることをイメージしています。古い実験機器を見ると、観測の原理がよくわかります。

Electromagnetic Wave

電磁波

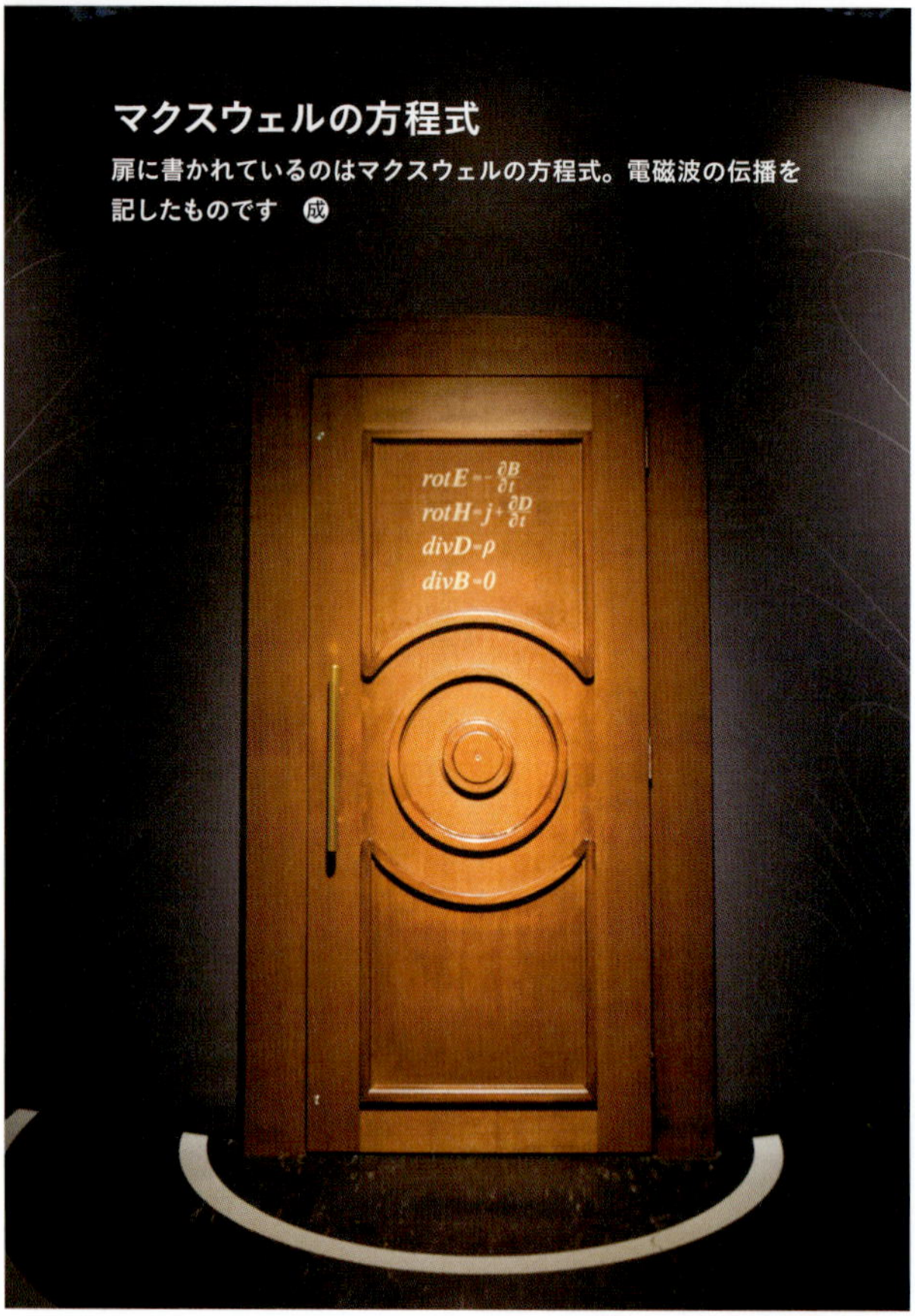

マクスウェルの方程式

扉に書かれているのはマクスウェルの方程式。電磁波の伝播を記したものです　㊒成

のぞき穴

扉に設けられたのぞき穴。のぞこうとして近づくと、テルミンが鳴ります　前

ノブの仕掛け

扉があると開けたくなりますが、開きません。その代わり何かが起こります　前

親しみやすい電気・磁気

成毛　観測ステーションを抜けると、また別の雰囲気です。この空間は何をテーマとしているのですか。

前島　実はここは、すべて電気と磁気に関する展示なのです。

成毛　この扉もですか。

前島　電磁波の秘密への扉です。扉に何か書かれていますが、このシンプルな方程式が解けると、電磁波がわかります。

成毛　電磁波は、これがあるから我々はスマホやＷｉ－Ｆｉや人工衛星を使えて、便利な生活を送れているわけです。先程の地球観測データも、電磁波があるから送ってこられる。それほど大事な存在ですが、しかしなぜ展示を電磁波に絞っているん

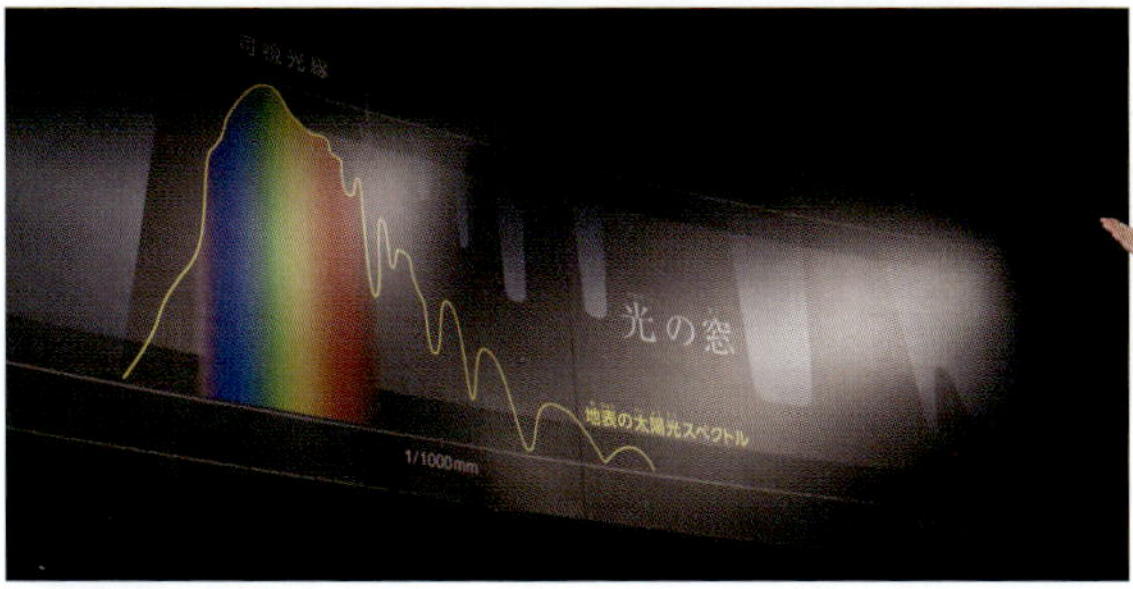

電磁波のスケール

宇宙から降り注ぐ電磁波は、様々な波長に分布しています。そのなかで、地表にまで届く波長の範囲を「光の窓」と「電波の窓」と呼びます。その「光の窓」を通ってくる光の一部を、私たちは見ることができます　前

ですか？

前島　電気は小学生でも知っていますし、磁石に触れたことのない子どもはいないですよね。そういった身近なものがどんなところに役立っているのかを知ってほしいと思いました。また、この分野は簡単に体験できるものが多いですから、どんな人にも楽しんでもらえます。

成毛　その体験についても、これは何なのか、どういう意味があるのか、説明があまりないのが科博らしいですね。

前島　それについてお叱りを受けることもありますが、教わるよりも自分で気づいたり見つけたりしたほうが印象に残るし、嬉しいですよね。だからその楽しみを奪わないよう、あえてそっけなくしています。説明はどこかにありますので、興味を持ったら探してみてください。

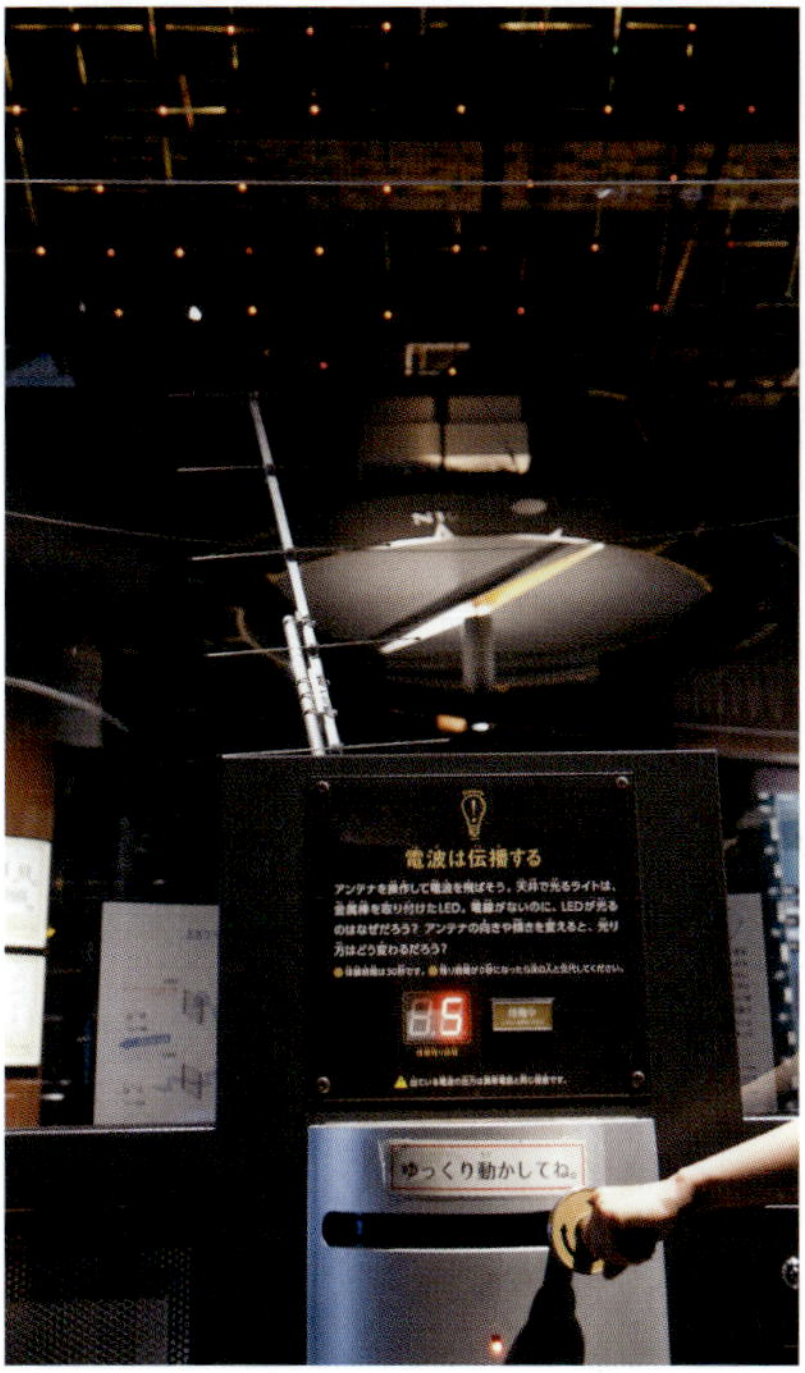

電波は伝播する

アンテナを傾けて電波を飛ばすと、それをキャッチしたところだけが赤く光ります。アンテナの向きを変えると……。やってみると、電波の仕組みがわかります　成

ハト

伝書鳩は体内の磁気センサーも使って正しく戻ってくるといわれています。他にも電気や磁気に関連する動物が潜んでいます　成

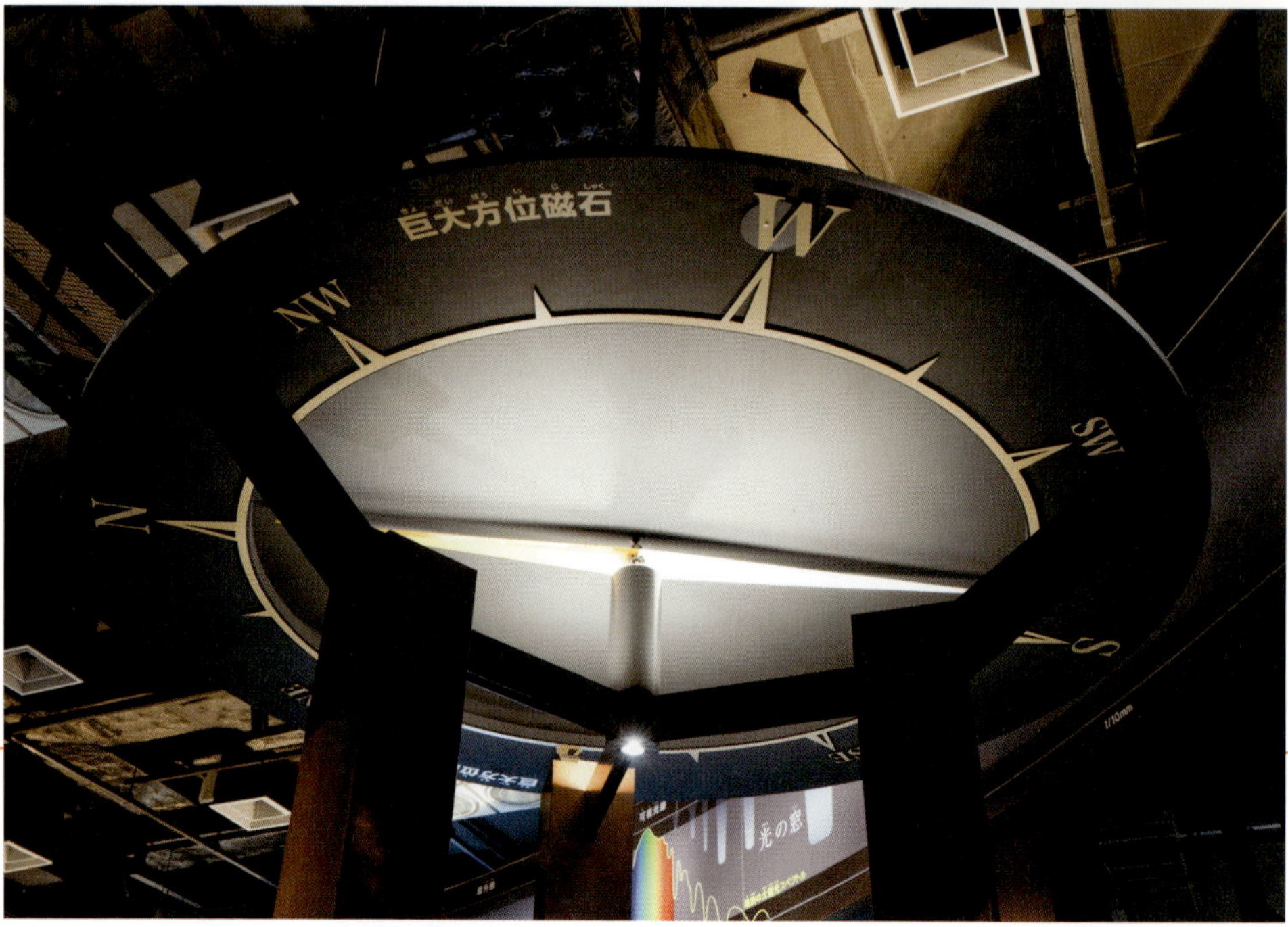

巨大方位磁石（磁針）

見上げると巨大な方位磁石。北を指していた針を動かすと、ゆらゆら揺れながらまた正しい位置に戻ります　前

地磁気はなぜ発生する？

成毛　科博は前後左右だけでなく、上下にも気を配っていないといろいろなものを見落としてしまうので注意が必要ですね。

前島　我々が「ハチマキ」と呼んでいる、展示室をぐるりと取り囲む天井付近の展示にもぜひ注目してください。それから、その先を見るとハトがいますが、電気や磁気を利用している動物も頭上や足元にいますよ。

成毛　私の真上にあるこの方位磁石（方位磁針とも）の巨大模型は立派ですね。

前島　いえ、模型ではありません。針は北を指していますし、磁石を近づければ針が動きます。

成毛　本物の方位磁針なんです

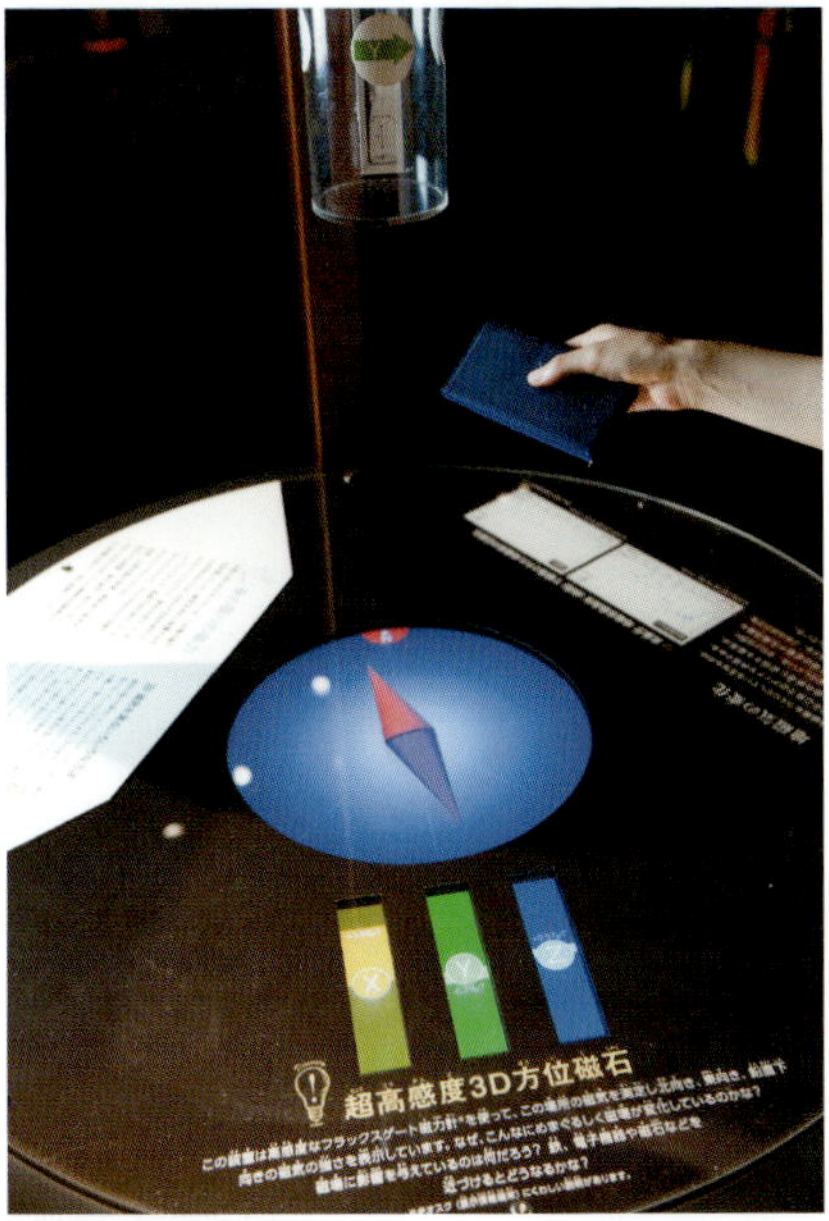

3D方位磁石

携帯電話などにも敏感に反応する超高精度3D方位磁石。世界は磁気に溢れている！（成）

世界の方位磁石

方位磁石は、使う場所の緯度に合わせてバランスが保たれています。南半球の方位磁石は、日本では傾いてしまい、うまく働きません（前）

地球の磁場はなぜ生じる？

金属は、一般的に常温では固体ですが、液体のものも。磁場の中でこれを環流させると何が発生するでしょうか？（前）

Compass

方位磁石（方位磁針）

か！　大変失礼いたしました。

前島　方位磁針が決まった方向を指すのは、地磁気があるからですが、では、地磁気はなぜ存在するのか。地球の真ん中に棒磁石が刺さっているわけではありません。溶けた鉄のようなものがぐるぐる回っているんです。

成毛　そうか、それで液体金属の展示があるんですね。ちょっと回してみましょう。あ、方位磁石の針が動いた！　うーん、理屈ではわかっていても、目で確かめると説得力が増しますね。

前島　地磁気はS極とN極が逆転していた時期もあります。

成毛　地球を棒磁石だと考えると「なぜ？」と思いますが、液体金属の流れの結果だと思うと、その向きが変わったんだなと納得できます。

{Check 1} 真空管

真空管といえば、かつてはアンプや計算機に使われていた部品だが、今は趣味の電子工作のパーツとなった。ただし、そのフォルムの美しさからファンも多い。その美しい真空管を集めてアートのようにして飾っている。詳しくない人もガラスの造作に見入るだろうし、詳しい人は、何用の何という真空管なのか、当ててみるのも楽しいだろう。観測ステーション内部にある。

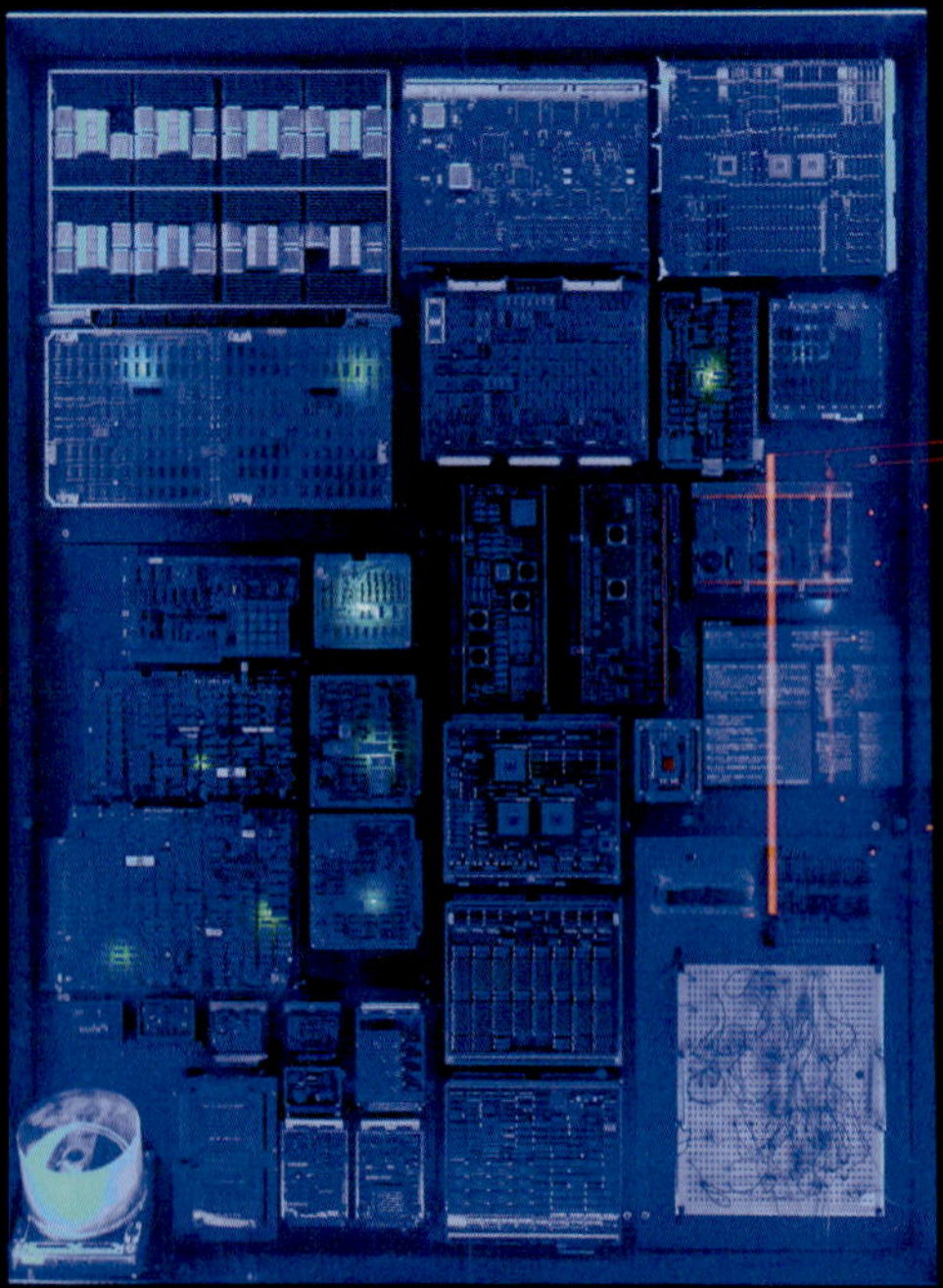

{Check 2} サイバーボード

ボクが個人的にとても興味をそそられたのが、このサイバーボード。コンピューターに欠かせないマザーボードと呼ばれる基板が集められているのだ。かつての電子工作少年たちは、これらを一つ一つ組み立てては、簡単なプログラムを走らせて遊んでいた。そのサイズは今のスマホよりもずっと大きく、性能はずっと低かった。

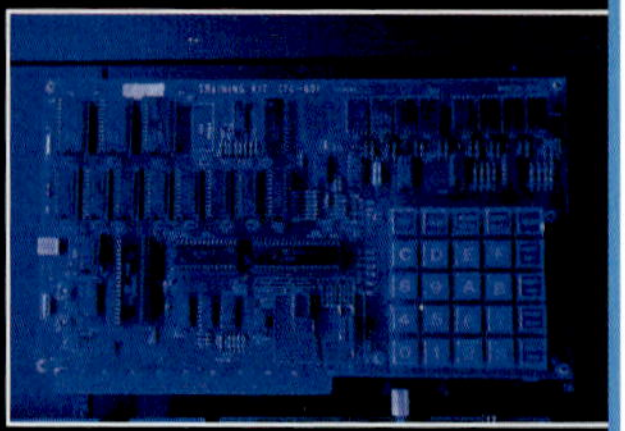

TK-80

TK-80はNECが1976年に発売したマイコンのトレーニング用組立キット。ボクも持っていた

Check 3 震源を推理しよう

地震が発生すると、なぜ即座に震源地がわかるのか。地震波が各観測地点に到達する時間から震源地を推定する装置。答え合わせでは揺れの伝わる様子が波紋で表示され、とてもわかりやすい。大人にも子どもにも人気のコーナーだ。

Check 5 偏光

偏光板とは、ある“揃った”光しか通さないフィルターのこと。向きを変えると、どんな“揃った”光を通すかが変わるので、こちらに見えるものが変わってくる。

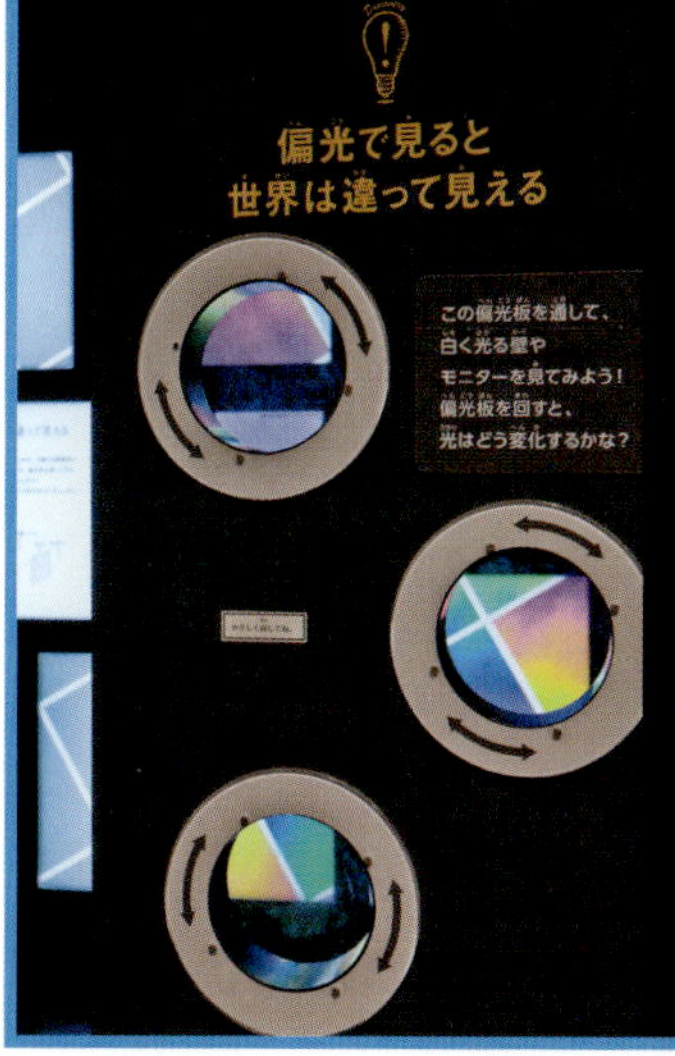

回すとその仕組みが目に見える

Check 4 地磁気逆転期を含む地層はぎ取り標本

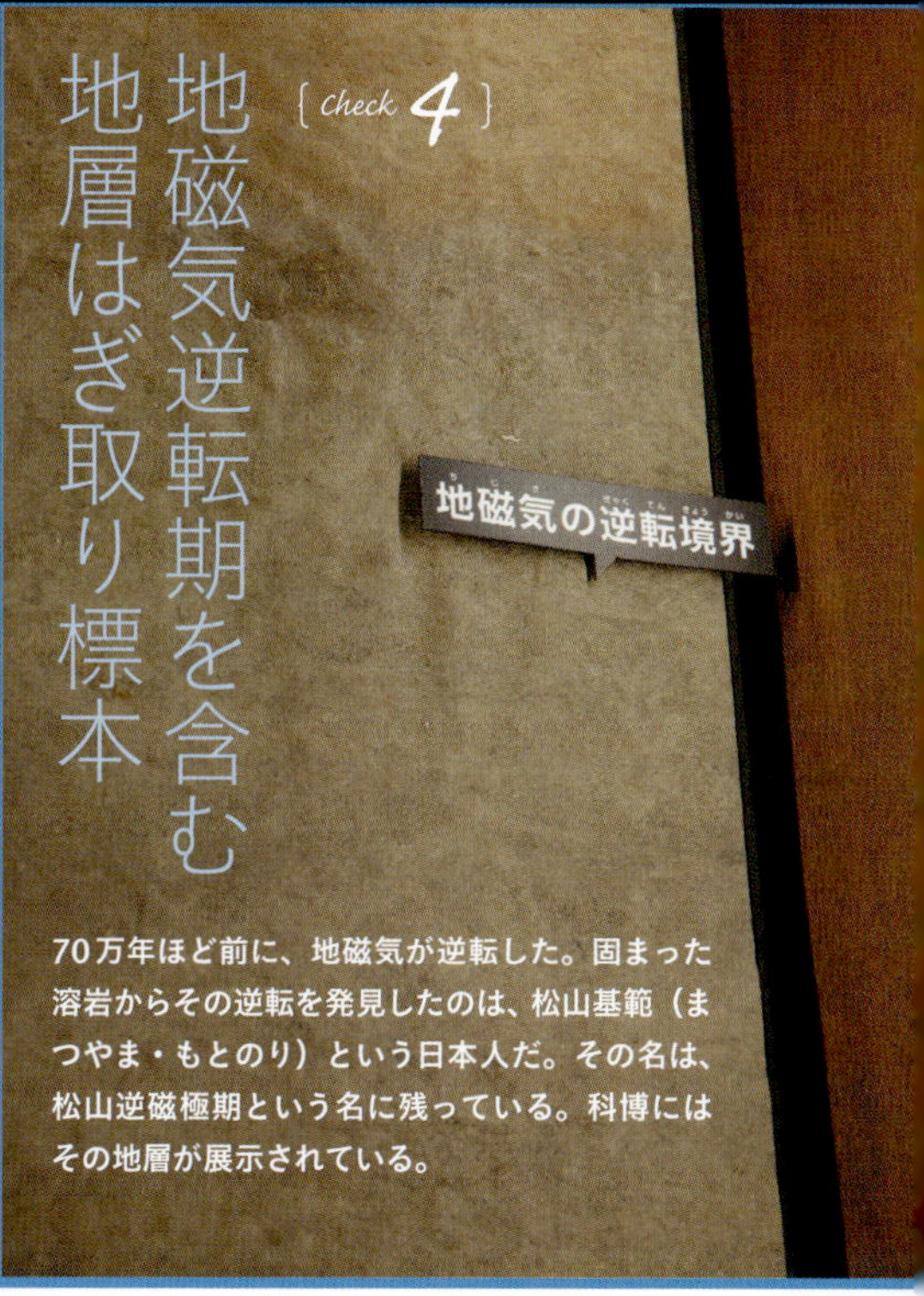

70万年ほど前に、地磁気が逆転した。固まった溶岩からその逆転を発見したのは、松山基範（まつやま・もとのり）という日本人だ。その名は、松山逆磁極期という名に残っている。科博にはその地層が展示されている。

Progress in Science and Technology

科学と技術の歩み

見る人によっては懐かしいものも多数展示されているフロア。つい足が止まってしまう

日本の科学が歴史を刻み始めたのは
政情の安定した江戸時代だった。
数々の展示物は
それから今日までの歩みと
どんな不可能を可能にしてきたのかを
静かに物語っている。

万年時計

江戸時代に、東芝の創業者である田中久重（たなか・ひさしげ）によって作られた万年時計は、パーツから手作りの機械時計。一度ゼンマイを巻くだけで225日間動く計算です。今も動きますよ。天象儀などの機能も備えています　鈴

寄託：㈱東芝

原点は江戸時代

成毛　ここは江戸時代に作られた万年時計から始まるんですね。

鈴木　日本の〝ものづくり〟の原点は、自給を軸に持続可能な体制を確立した江戸時代にあります。万年時計は幕末に作られたものですが、培われた独自のものづくりと、西洋の文化が一緒になって誕生したものです。時計は航海に欠かせないもの。ですから西洋の人は命懸けで時計を発達させました。そして船を使って中国や日本と貿易を行い、富を得ました。そのときにお土産として献上したのが時計だったのです。

成毛　でも当時は西洋と中国や日本とでは時制が違いましたよね。西洋は定時法、中国や日本は不定時法。

市民のための技術

鈴木　ですから、中国ではおもちゃにしかなりませんでした。一方、日本はおもちゃにせず、日本の時法に合う時計に作り替え、日常で使えるようにしたのです。それはこの頃、鉄砲や刀を作っていた職人が鋤《すき》や鍬《くわ》を作ったのと同じで、各藩《かくはん》の殿様たちは、自分たちが持っている知識を、人々を豊かにするために使いました。独自の時計を作るのも、暮らしを豊かにするため。このように、科学を市民のための技術に展開するという考え方は、欧米では19世紀、20世紀以降に生まれるものですが、日本では17世紀からこの考えが定着していました。

六面台座 七宝飾り

機能だけでなく、美しさにもこだわりを持つところは、いかにも日本人らしいですね 成

The Myriad-Year Clock

万年時計

復元された万年時計

当時はフレームの概念がなく、木製の枠はゼンマイを巻くほど歪みが生じました。その問題を排除したのがこのレプリカです 鈴

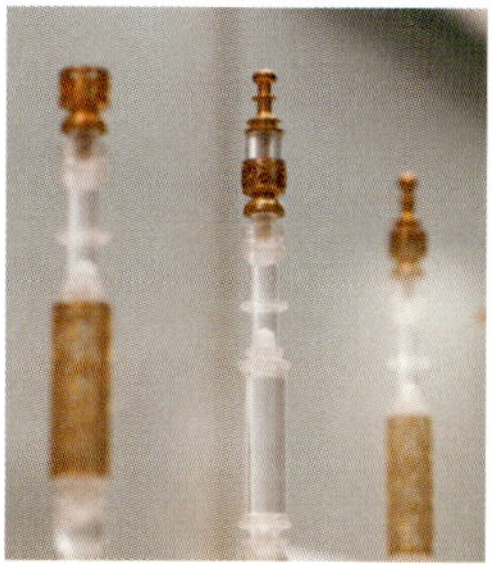

透かし彫りの飾り柱

手作りの小さな柱には透かし彫りが施されている。細部も丁寧です 成

Arithmetic and Surveying

算術と測量

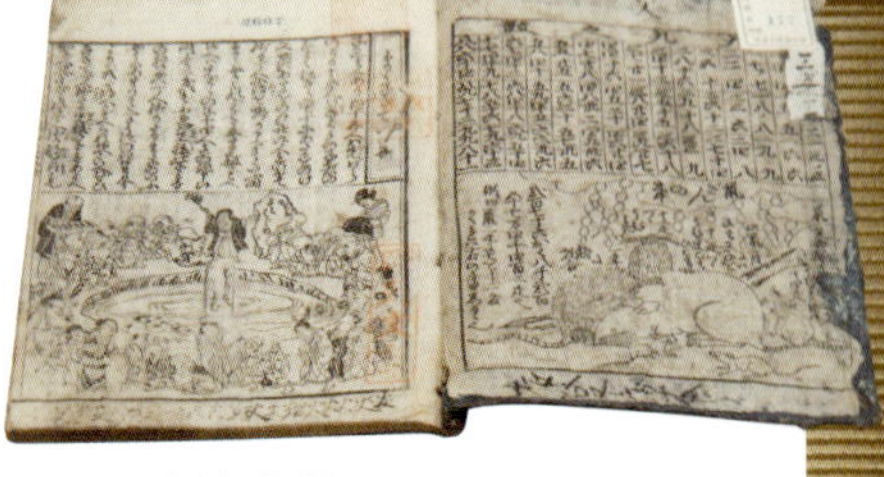

改算塵劫記

人々が知っておくべき数学的素養がまとめられています　鈴

伊能忠敬

伊能忠敬の地図は、航空測量などない時代に作られたにもかかわらず、かなり正確です (成)

問題は解くより作る

鈴木 近代的な社会には計算能力が必要ですが、江戸時代に和《わ》算《ざん》が発達したのは吉田光由《よしだみつよし》がいたからと言っていいでしょう。

成毛 江戸時代初期に『塵劫記《じんこうき》』を書いた人ですよね。

鈴木 『塵劫記』は数学的な素養《そよう》を網羅《もうら》しています。評判が良く類書も多数出ました。そこで、光由は改訂版を出すにあたり、巻末に問題をつけたのです。

成毛 問題ですか?

鈴木 つまり、類書を出すなら問題を解いてからにしろ、と。問題の答えがない本はまがいものというわけです。和算では、問題を解くことよりも作ることに意義があるのです。それは、明治に入ってきた洋算《ようさん》でも同じでした。明治時代、西洋の数学を深めていく人が多数登場し、レベルが上がったのにはこういう理由があるのです。

伊能図が正確な理由

成毛 お次は伊能忠敬《いのうただたか》ですね。

鈴木 伊能が測量に出発したのは1800年。フランスでメートル法が成立するのがその前年です。日本ではちょうど、西洋天文学を利用した暦を作ろうという動きが出てきた時期でした。

成毛 この時代に、非常に正確な地図ですよね。

鈴木 伊能の測量は、西洋天文学を実地検証するもので、測量に参加した各藩も真剣にその技術を学ぼうとした結果だと思います。

星の高度を測る測量器具

伊能忠敬が地図を作るときに使った象限儀のレプリカです (鈴)

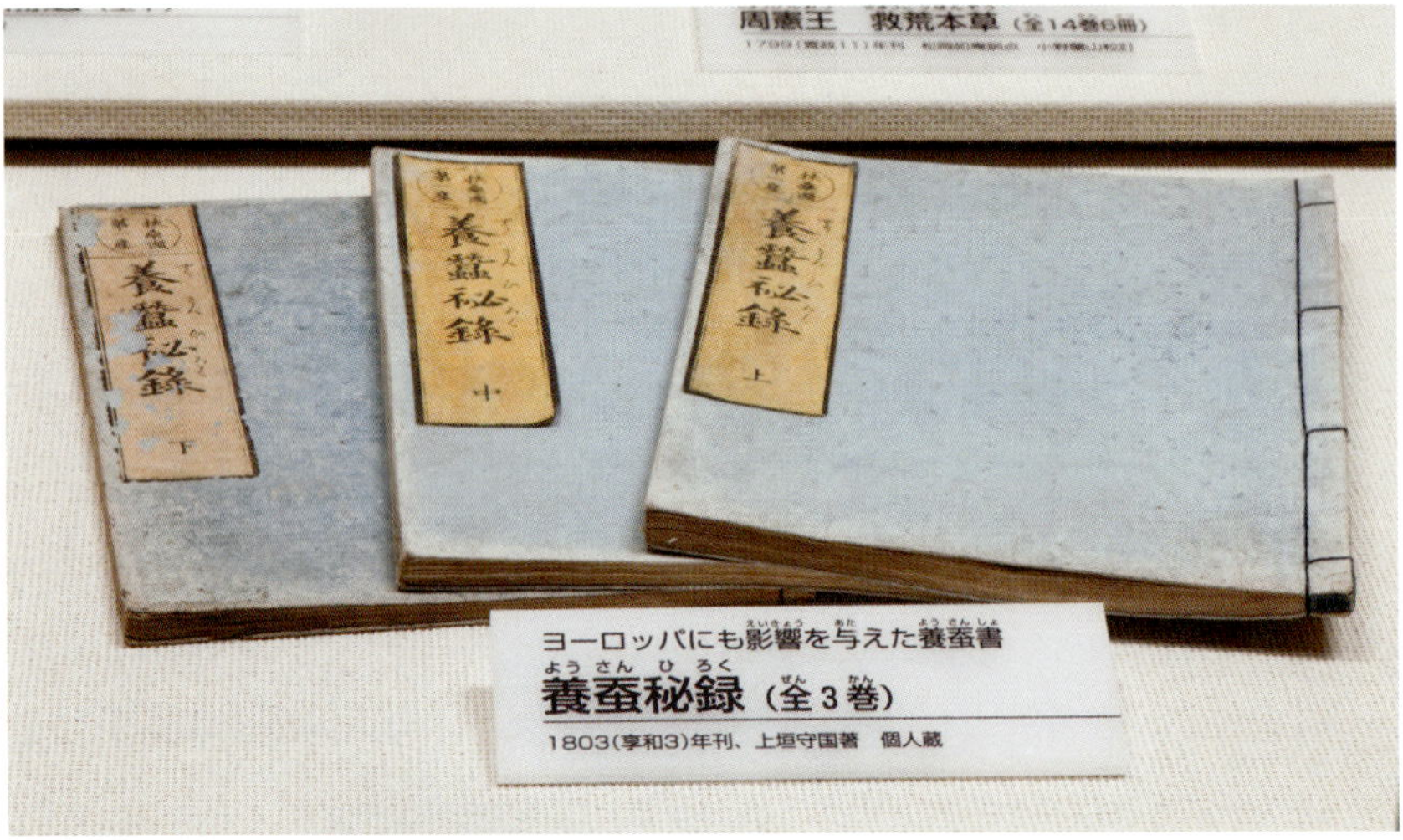

養蚕秘録

これは世界初の農学書です。蚕の成長に合わせた飼育の方法を、テクノロジーとして人々に伝えるために記しました　㊙

Herbalism

本草学

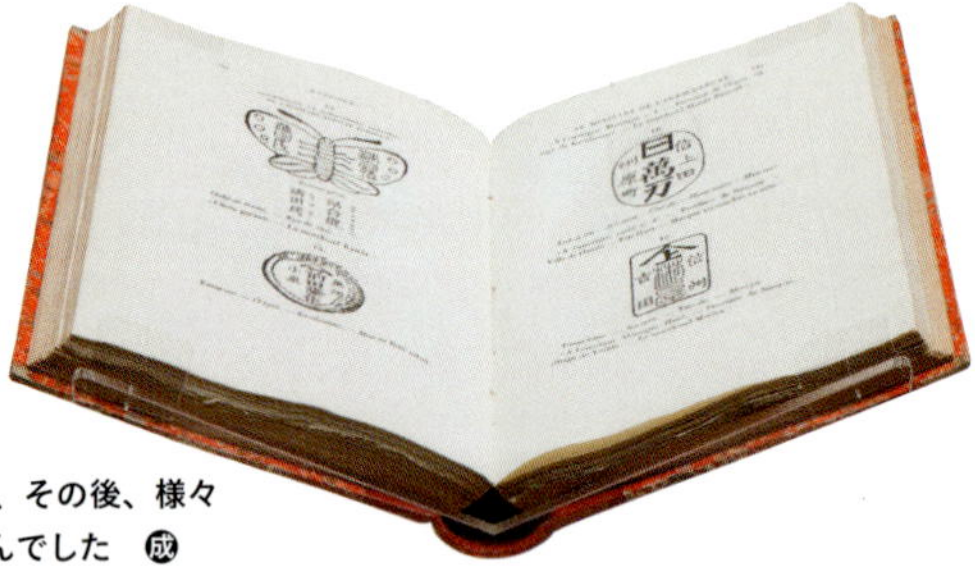

Yô-san-sin-sets ／養蚕新説

あのシーボルトが母国に『養蚕秘録』を持ち帰り、その後、様々な養蚕書の翻訳版が出版されていたとは知りませんでした　㊗

農学書は日本発

成毛　植物や昆虫などが描かれた本がたくさんありますね。

鈴木　ここは本草学《ほんぞうがく》を紹介するコーナーです。農学書がありますね。これは、サイエンスとテクノロジーが一緒になった、当時は日本くらいにしか見られなかったものです。

成毛　農学書は日本が初めて作ったものなんですか。

鈴木　はい。先程、時計のところでもお話ししましたが、殿様は知識を集めることができます。その知識は趣味でもあり、しかしいかに市民に還元するかが大事なんです。たとえば養蚕《ようさん》。科学的な昆虫学だけでなく、殿様としてやらなければならないのは農学なんです。農業にどのよ

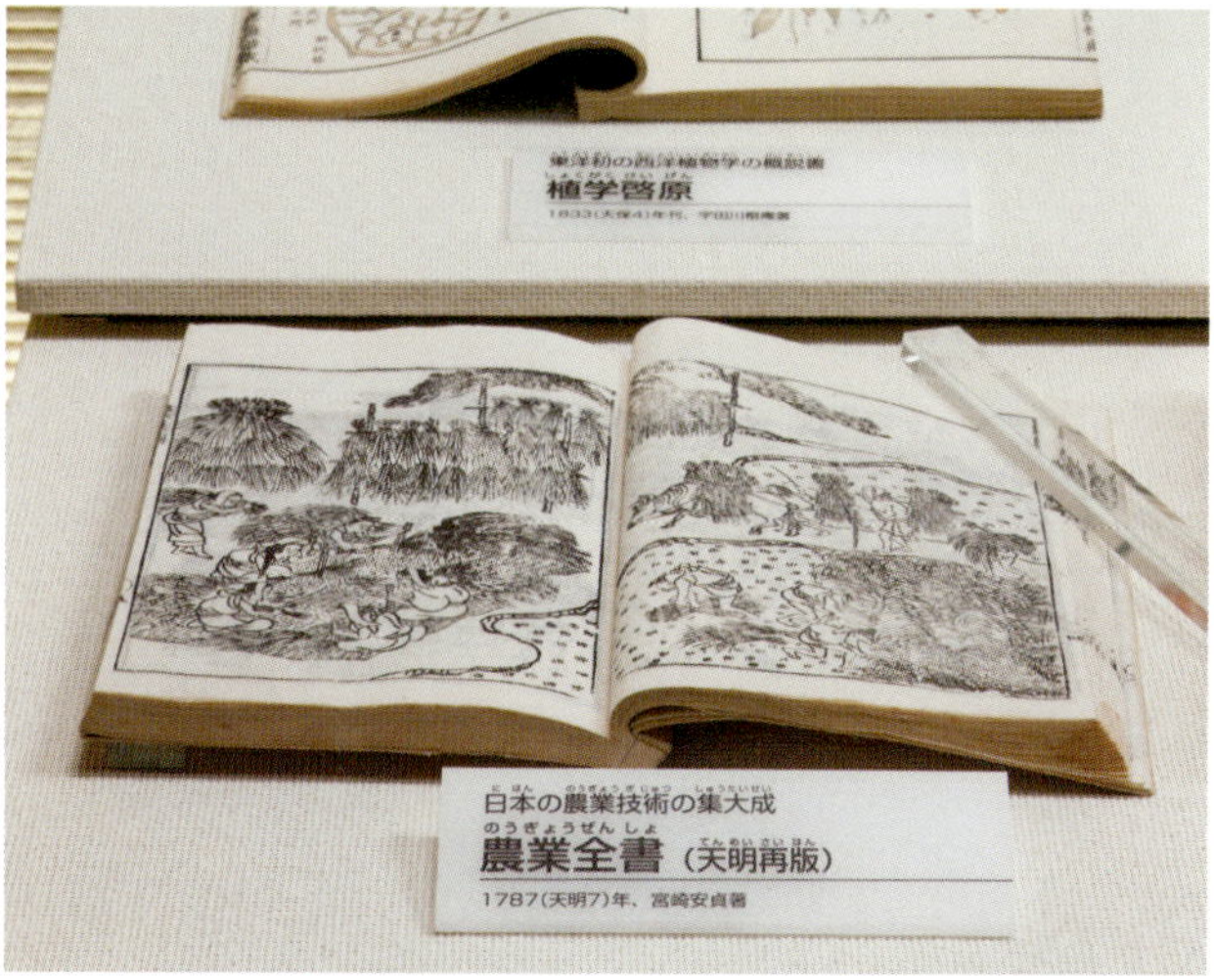

農業全書

これは農業の教科書ですね。緻密な絵で親しみやすい作りになっています 成

植学啓原

西洋の植物を系統立てて日本に紹介した初めての本です。今でもこういう本はたくさんありますよね 鈴

江戸時代の殿様は
得た知識を社会に
還元するため
本を書きました

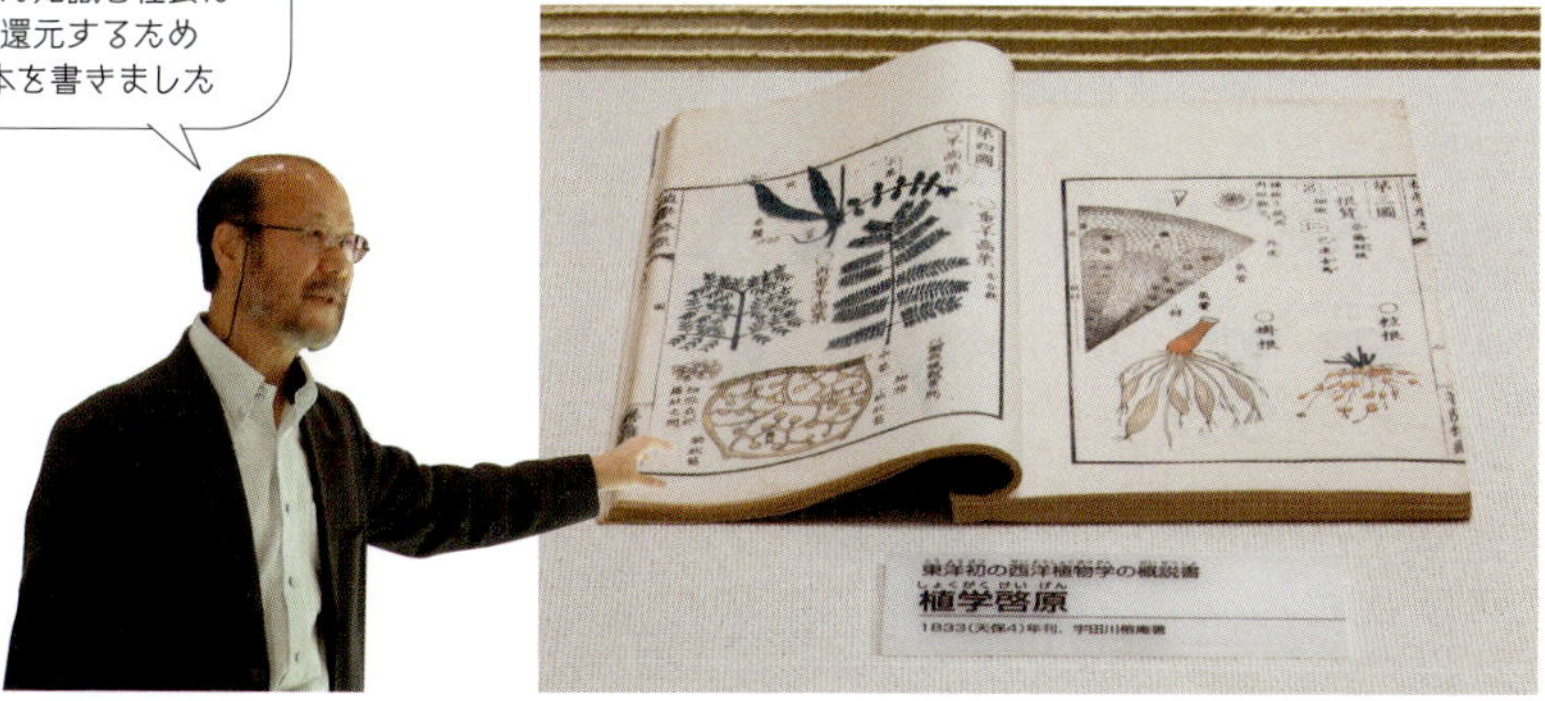

うに活かすか。科学と農業が一緒になると、農学が生まれるんですね。この時代、西洋ではその考え方はありません。遺伝の法則で知られるメンデルは19世紀の人物ですが、その科学の知識を実際の農業に活かしたかというと、していませんでした。

成毛 日本では科学と技術が混同されることが多いですが、この時代から表裏一体の関係だったんですね。

鈴木 ちなみに、この『養蚕秘録』はシーボルトがオランダに持ち帰っています。

成毛 フランス語の翻訳書も一緒に展示されていますね。

鈴木 当時、西洋では蚕《かいこ》の微粒《びりゅう》子病《しびょう》が流行していて、『養蚕秘録』をはじめ日本の優れた養蚕書がいくつも翻訳されました。

日本で進化した医療

鈴木　日本は、医療についてもトップレベルの技術を持っていました。１８０４年に華岡青洲《はなおかせいしゅう》が世界で初めて全身麻酔による手術を行いましたが、これは、麻酔という東洋的な医学と、手術という西洋的な医学を融合させたものといえます。

Medicine in the Edo Period

江戸時代の医学

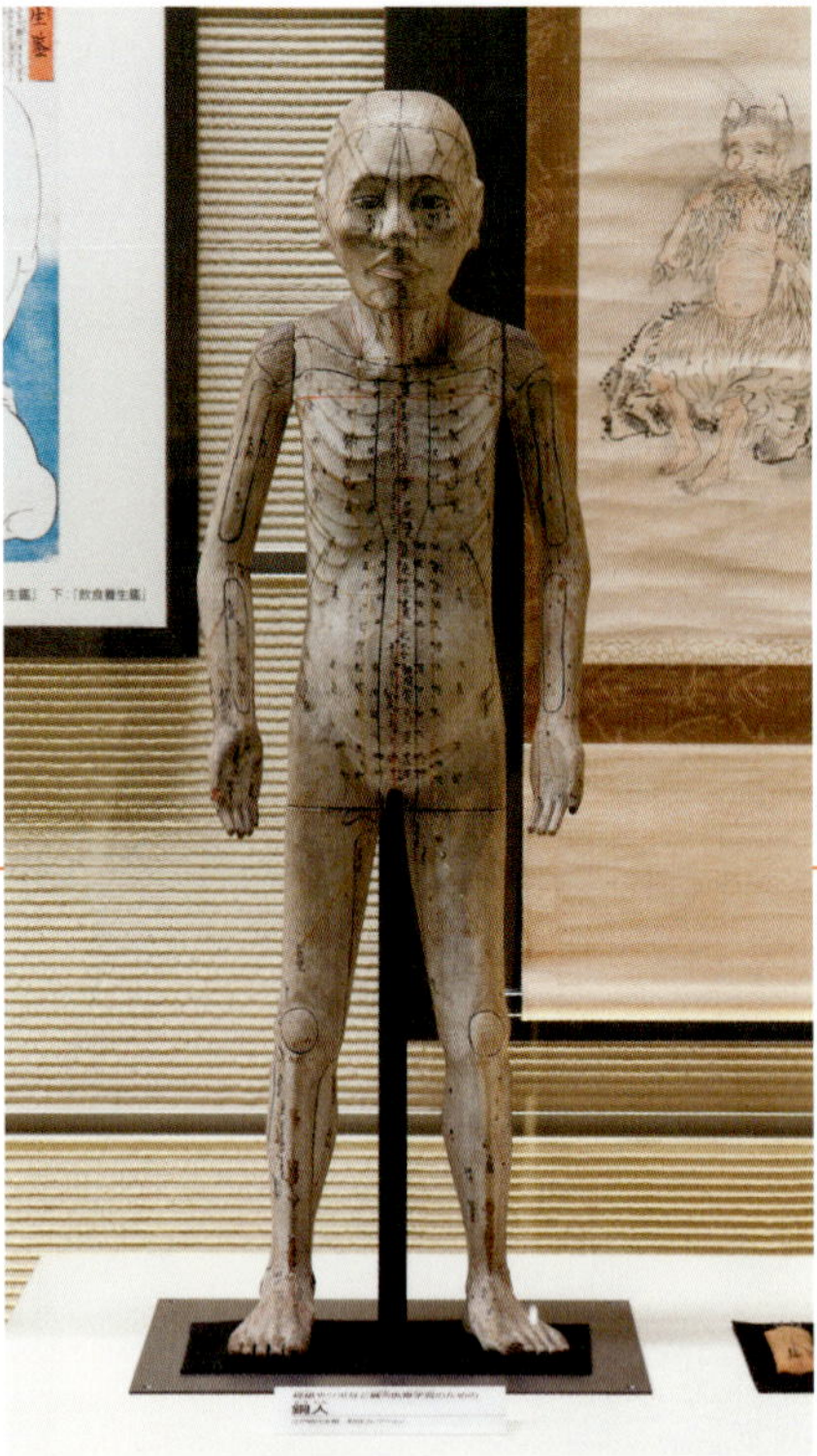

銅人

鍼灸を学ぶための経絡人形。カメラを向けると顔認証が働いた！　成

鍼灸道具

「管鍼」は江戸時代に日本で生まれたもの。現在でも広く用いられています　鈴

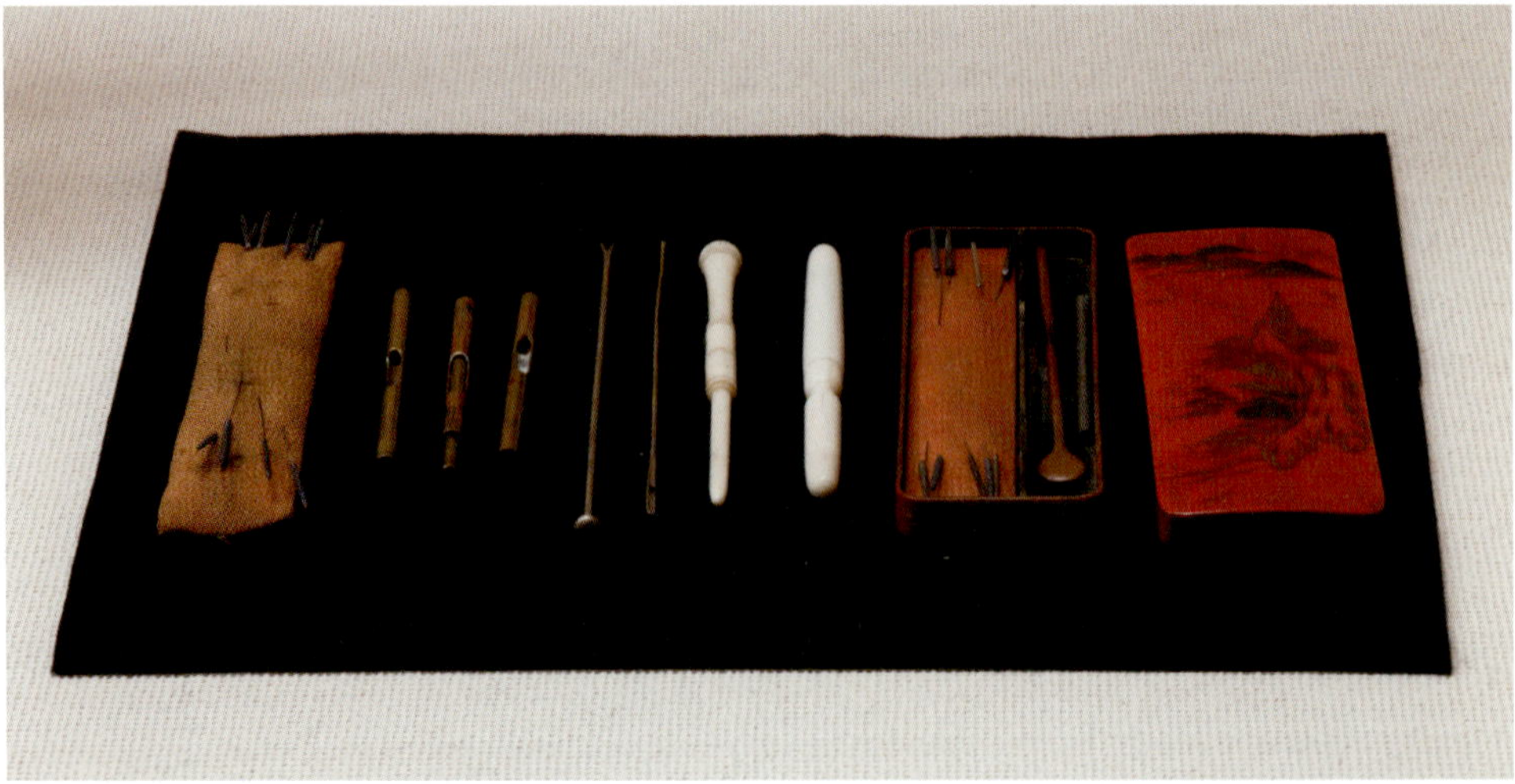

成毛　その東洋的な医学とは、中国で発達したものですか?

鈴木　基にしていますが、形はまったく違います。当時の中国の医療は豊かな人のためのものでしたから、漢方も大量に使えます。しかし日本では高価な輸入品を多くの人に使いたいので、できるだけ少量で、しかし十分に効果を発揮するように、自分たちで試してカルテを作り上げていったのです。鍼灸《しんきゅう》の道具も、当時日本から西洋に伝わり、今でも使われています。

成毛　そうなんですか?

鈴木　たとえば、管鍼《かんしん》という、管の中に細い針が入った鍼灸道具は日本独特のものです。江戸時代、目の見えない宮家の人が目の見えない人のために鍼灸の学校を作りました。そこで、目が見えなくても容易に刺入できるよう独自の進化を遂げたわけです。それから、病院でお腹を触られたことはありませんか?

成毛　腹診ですね。

鈴木　診察には見たり聴いたり触ったりと、いろいろな方法がありますが、見えないと聴くか触るかしかないですよね。そのなかで、触る診療が重宝され、根づいたのです。

成毛　知りませんでした。そういう歴史を知っていると、展示物の見え方も変わってきますね。

木骨

木でできた人骨模型はなかなかリアル。これで人体を勉強したんですね　成

解体新書

かの有名な解体新書。名前は知っていても、見たことがない人は多いのでは　成

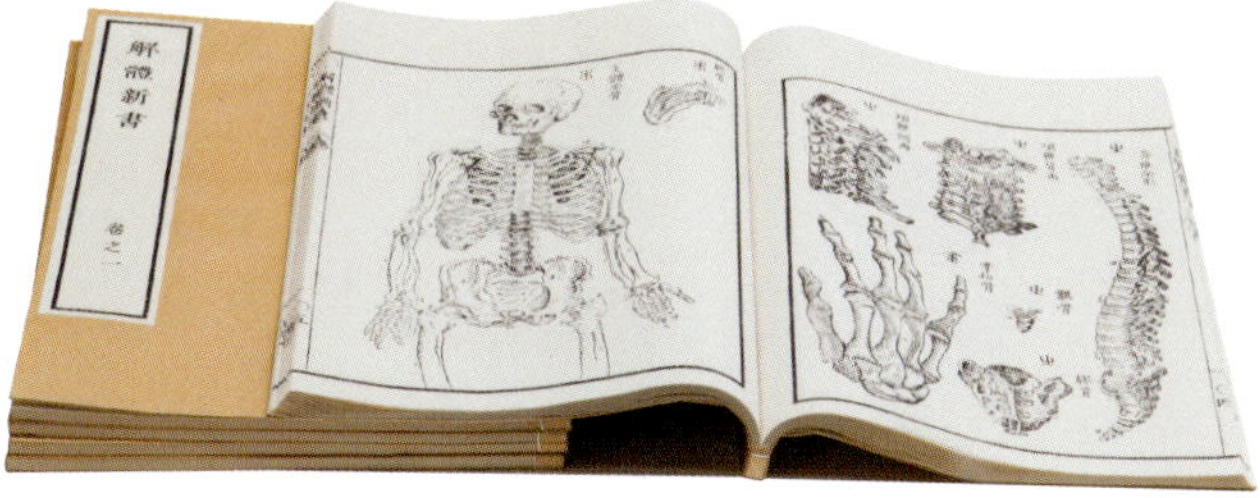

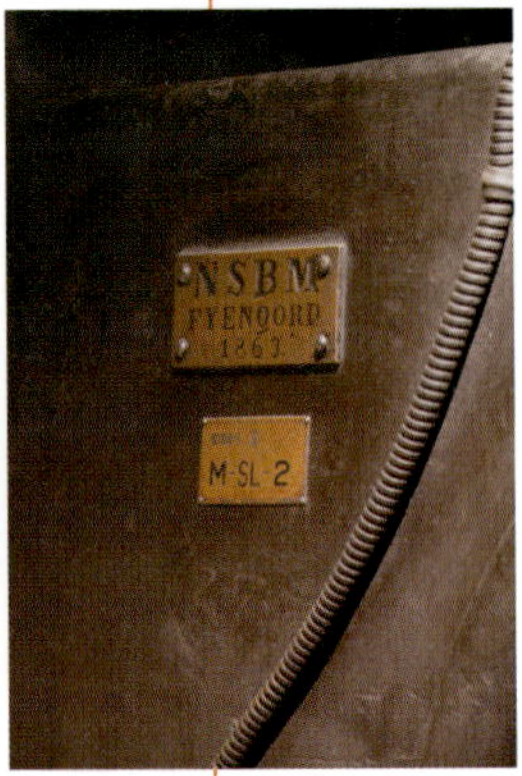

近代化

Modernization

竪削盤

1863年から1998年まで、つまり、江戸、明治、大正、昭和、平成と5時代にわたって使われていた竪削盤です。汚れも工場にあったまま　鈴

130年使われた機械

鈴木　さあ、江戸時代を堪能した後は近代化の歩みを見てみましょう。明治初期は、外国人を招聘《しょうへい》して科学と技術の指導を受けていた時期でもあります。そのおかげで、時法を改正し、度《ど》量衡《りょうこう》法《ほう》も改定し、近代に必要な体制を整えることができました。近代化が進むと、外国人がその母国語で教えていた科学や技術を、日本人が日本語で教えるようになります。展示されているテキストを見ると、そのあたりの変化も読み取れますよ。

成毛　この、大きな工作機械は何ですか?

鈴木　これは竪削盤《たてけずりばん》という金属加工に使う機械です。

成毛　日本製ですか?

第１回
内国勧業博覧会 賞状

ウィーン万博を参考に1877年、国内で最初に開催された展示会がこの内国勧業博覧会。盛り上がったでしょうね 成

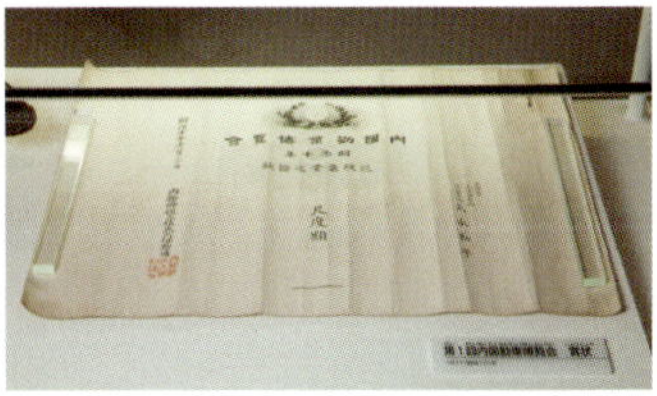

ペリーが献上した標準天秤

度量衡が統一されていなかった日本にペリーによって持ち込まれた標準天秤です 鈴

メートル原器と
キログラム原器

日本はアジアで最初にメートル法を採用しました。原器は二つあったのですが、一つは戦後韓国に渡され、韓国の原器になりました 鈴

鈴木 オランダから買ってきたものです。江戸時代の日本では、産業や工業のすそ野部分、つまりマザーマシンと呼ばれるものは借り物だったわけです。こういった工作機械もそうですね。

成毛 なぜこれを選んで展示しているのでしょうか。

鈴木 これは、重要文化財などに指定されてはいませんが、130年近く動いていたものです。幕末直前、勝海舟《かつかいしゅう》たちが作った長崎造船所に入れられたもので、平成10年まで使われていました。廃棄され、スクラップになる直前にぎりぎりで確保できました。

成毛 なるほど。貴重な価値のある工作機械が、使い終わったからと廃棄されたり海外に流出している可能性は高そうですね。

無停止杼換式
豊田自動織機（G型）

このG型は海外でも高く評価され、英プラットと特許権譲渡契約を結びました。そうして得たお金で、トヨタは自動車の開発を始めます　鈴

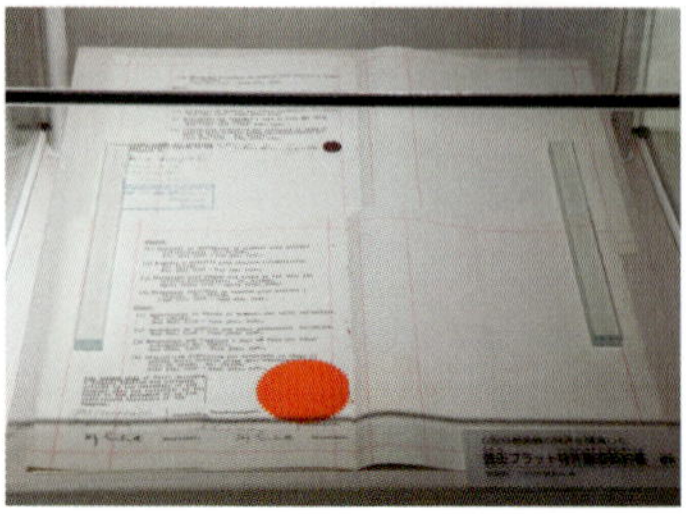

豊田プラット
特許譲渡契約書

そのときの歴史的契約書ですね。豊田喜一郎（とよた・きいちろう）さんのサインがあります。これがなければ、今のトヨタはなかったと思うと感無量です　成

オートモ号

日本に合わせた排気量の少ない車を、ということで作られました。この時代、1000ccで空冷はこのオートモ号だけです　鈴

織機から自動車へ

鈴木　明治末期から大正にかけ、自分たちのための国産技術が世界で売れるようになります。その代表が豊田佐吉《とよださきち》が作った織機《しょっき》。この特許をイギリスの会社に売り、得た資金で自動車の開発を始めたといわれています。

成毛　オートモ号は大正時代に作られた自動車ですね。

鈴木　これが国産自動車の本格的な生産の始まりです。三菱銀行初代頭取の豊川良平《とよかわりょうへい》の息子、順彌《じゅんや》が大正6年に会社を作り、14年に生産を開始しました。大きな輸入車と違い、悪路ももともしない、日本に合う、小回りの利くものを作ろうとして作ったのです。これは空冷《くうれい》式エンジンです。

東京州崎のレース

オートモ号は日本で最初のレースに出場し、予選で1位、決勝で2位になりました。決勝1位の車に乗っていたのは、本田宗一郎さんです 鈴

オートモ号のカタログ

カタログも緻密ですね。これだけでも復刻してくれないかな 成

Birth of the Car
Manufacturing Industry

自動車産業のあけぼの

あのレジェンドもいた！

成毛 その車が、日本初のカーレースに出たとここに書いてありますね。写真もあります。

鈴木 レース会場は下がドロドロでしょう。こういうところでの走りを競ったんですね。このとき、レースには本《ほん》田《だ》宗《そう》一《いち》郎《ろう》さんも参加していたんですよ。

成毛 あら、こんなところに。まだ十代半ばですよね。

鈴木 本田さんが最後まで空冷にこだわっていたのは、このときにオートモ号を間近に見ていたからではないかと私は思うんですよ。生前に何度かお目にかかる機会があったのに、聞きそびれてしまったのが残念です。

成毛 そうでしたか。それは聞いておいてほしかったなあ！

航空技術の発展

Development of Aviation Technology

陸と海はどこが違うか

成毛　この部屋の奥に鎮座しているのが、零戦《ぜろせん》ですね。２０１５年に三菱重工による国産ジェットＭＲＪが初飛行しましたが、その三菱がＭＲＪの前に作っていたのがこの零戦です。

鈴木　零戦は海軍の戦闘機ですが、ところで、先ほどメートル原器を見ていただきましたね（69ページ参照）。

成毛　はい。１メートルの基準になるものですね。

鈴木　日本の陸軍はドイツ式・フランス式だったので、メートル法を使っていました。ところが、海軍は違うんです。イギリスから船を買っていたので、フィートなんです。

成毛　ということは、陸軍と海

零式艦上戦闘機（零戦）

第二次世界大戦で、日本海軍の主力艦上戦闘機だった零戦。三菱重工が開発し、中島飛行機も生産していました　成

軍で長さの話をするときには一度換算をしなくてはならないんですね。最近は、「ポケモンGO」がメートル表記なので、遊びたいアメリカ人が焦ってメートル法を学んでいるという話もありますが。

鈴木　そういった混乱は、大正時代、特に日露戦争後に起こりました。尺貫法《しゃっかんほう》と、メートル法と、ヤード・ポンド法が混在していたからです。それが日本標準規格（ＪＥＳ、現在のＩＳＯ）を誕生させるのですが、最初にそれができたのは大正10年です。それで、海軍もその後導入した航空機ではメートル法を採用したんです。

成毛　へえ〜、知らなかった。飛行機からこんなお話が聞けるとは思いませんでした。

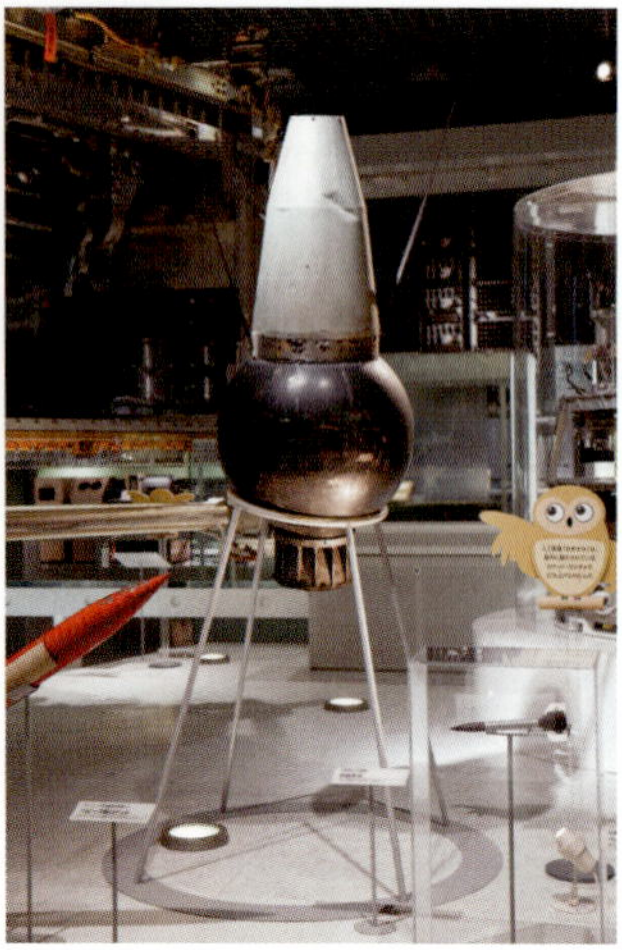

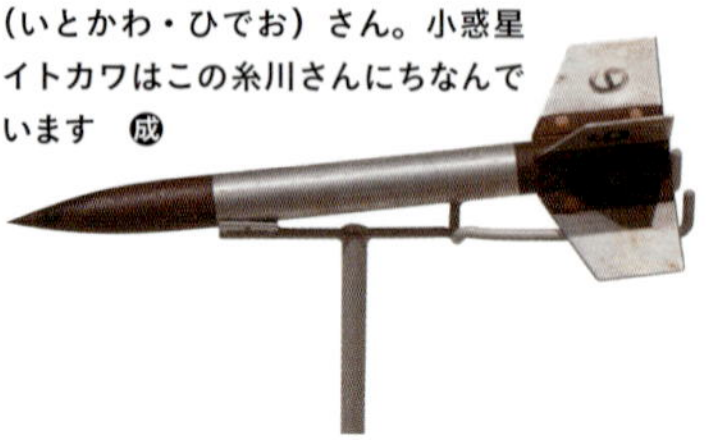

ペンシルロケット

この実験を主導したのは糸川英夫（いとかわ・ひでお）さん。小惑星イトカワはこの糸川さんにちなんでいます 成

人工衛星おおすみ

これは日本初の人工衛星ですね。打ち上げに使われたランチャーの実物は地球館の裏側にあるのでこちらもチェック！ 成

Space Development in Japan

日本の宇宙開発

宇宙実験・観測フリーフライヤ（SFU）

1995年に打ち上げられ、1996年に若田光一さんによって回収された実物です 鈴

宇宙帰りの観測機も

鈴木　このコーナーは、10年かけてようやくこの形になりました。もの集めに苦労したのです。

成毛　日本人なら誰でもその名を知っている小惑星探査機はやぶさの実物大モデルや、1970年に日本が初めて打ち上げた人工衛星「おおすみ」などがありますね。

鈴木　日本は世界で4番目に独力で人工衛星を打ち上げました。現在まで、科学技術を目的として、米国やロシア、中国に次ぐ衛星を打ち上げています。その枠を見てほしいという思いで、このコーナーを作りました。

成毛　他にも貴重なものがたくさんあると思いますが、ここで、絶対に見逃してはならないもの

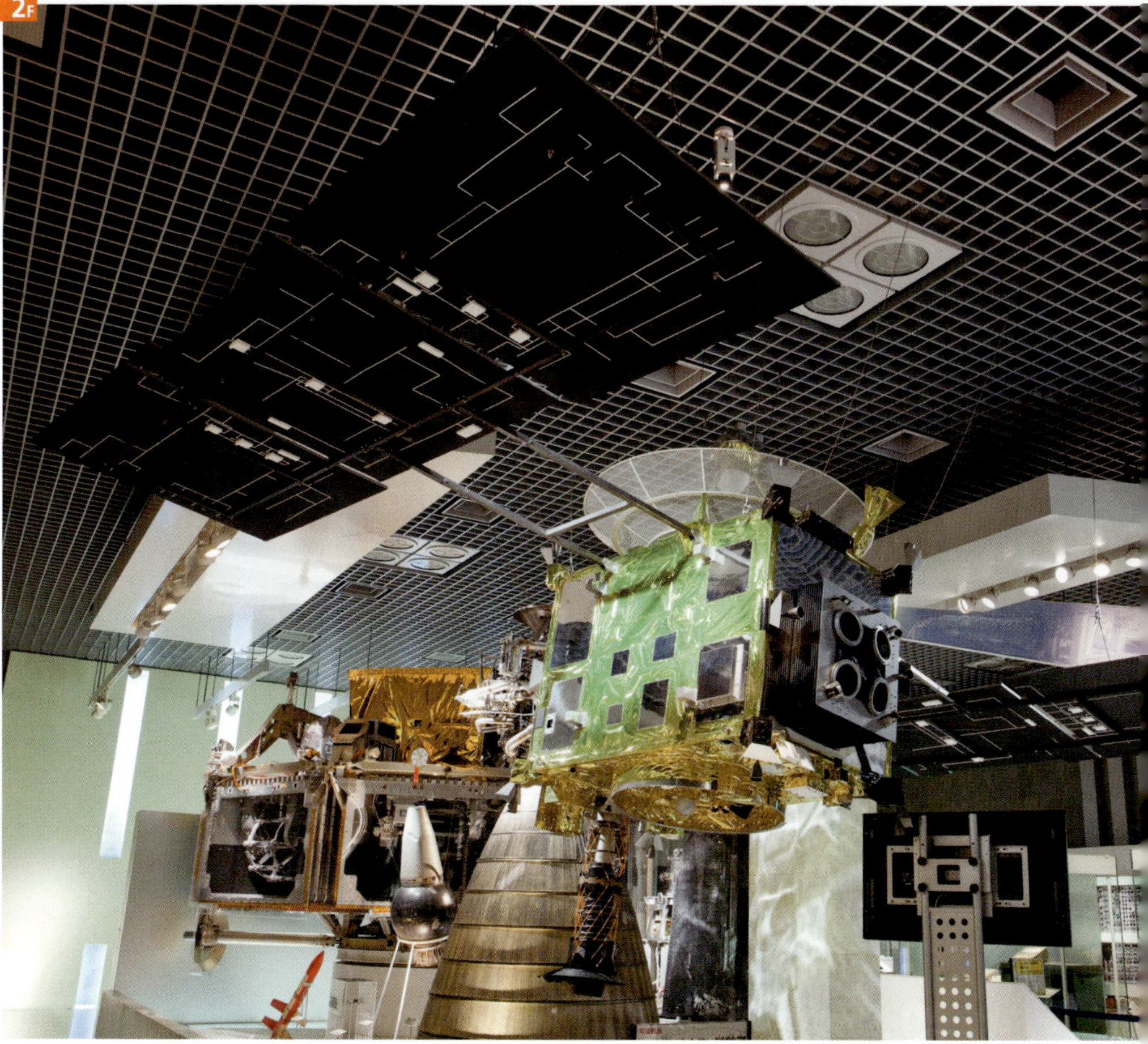

小惑星探査機はやぶさ

2010年、日本中にフィーバーを巻き起こした小惑星探査機はやぶさですが、
持ち帰ったイトカワの微粒子を一般の人が見られるのはここだけです

はどれでしょうか。

鈴木　宇宙実験・観測フリーフライヤですね。これは1年ほど宇宙を漂ってから戻ってきた実物なんですよ。1995年に種子島《たねがしま》宇宙センターから打ち上げられ、1996年にスペースシャトルエンデバー号に乗った若田《わかた》光一《こういち》さんの操縦によって回収されたものなんです。

成毛　ロケットを宇宙に飛ばすのに大事なのは、エンジンを燃やすところではなく、制御して帰ってくる技術。そういう意味でも、宇宙開発は科学技術の結晶であり、夢ですよね。

鈴木　こちらには計算機やコンピューターの発展の歴史も展示されています。ここからは専門の前島先生にお話ししてもらいましょう。

座席予約システム MARS-101

人の動きにデジタルを合わせる。それが導入成功の秘訣でした 前

Calculator

計算機

ケルビン式潮候推算機

1960年代まで実際に使われていた積分を計算する機械です。ワイヤーと15個の歯車で構成されています 前

計算の歴史

前島　コンピューターは、「あれば便利」という存在から、今や、「なくては社会が成り立たない」ものになっていますよね。人の歴史を見ると、文明の初期から

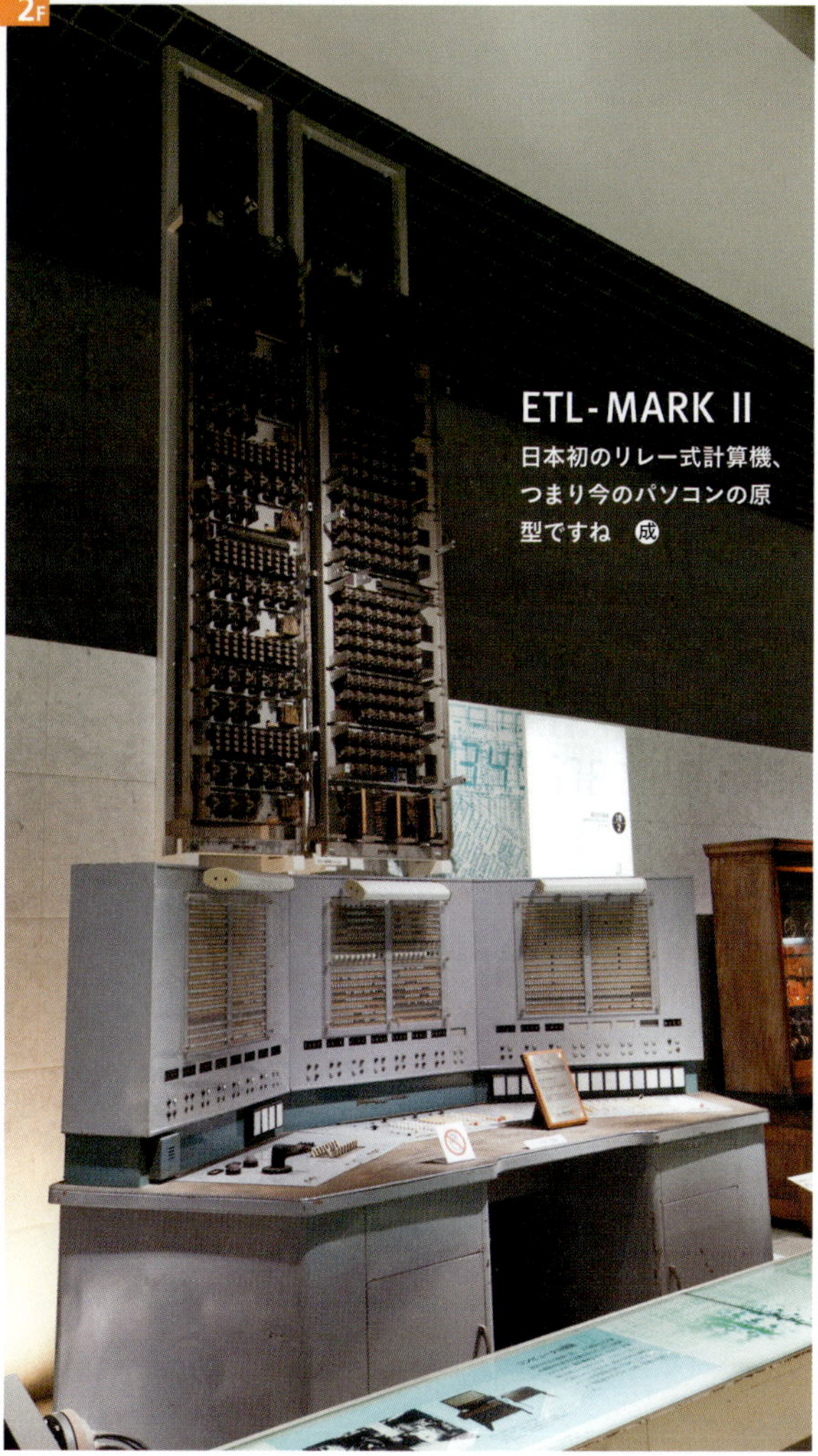

ETL-MARK II
日本初のリレー式計算機、つまり今のパソコンの原型ですね 成

計算をしていた痕跡があります。ニーズが先にあり、技術の発達とともに応用されてきたんです。

成毛 ここには古い計算機もたくさんありますね。

前島 これは潮位《ちょうい》を予想するためのもので、それ以外には使えないわけですが、こうした機械式計算機の理論は現在のコンピューターにもつながっています。

人の動きをデジタル化

成毛 あ、これは見たことがある気がします。

前島 当時の国鉄がいち早く導入した座席予約システムです。駅員さんに使ってもらうため、開発者はある工夫をしました。

成毛 何でしょうか。

前島 駅員さんはコンピューターのプロではありませんから、駅員さんをコンピューターに合わせるのではなく、コンピューターを駅員さんに合わせたのです。行き先を聞いて切符に判子を押してというそれまでの手順をそのままデジタル化したのです。そのために開発者は、駅員さんに一日中張りついて動きを観察していたそうです。

成毛 それは商品開発には絶対に欠かせない視点ですね。そうやって考えることが、イノベーションのタネになります。

ここにも注目 !

Check 1 無尽灯とカタログ

無尽灯（むじんとう）とは、空気圧を利用して燃料が減ると自動的に供給される仕組みを持った照明器具だ。まったく新しいツールだったので、カタログも用意された。これを発明したのは、万年時計の発明者でもある田中久重。なお、川崎市の富士見公園には、無尽灯をモチーフにした街灯がある。

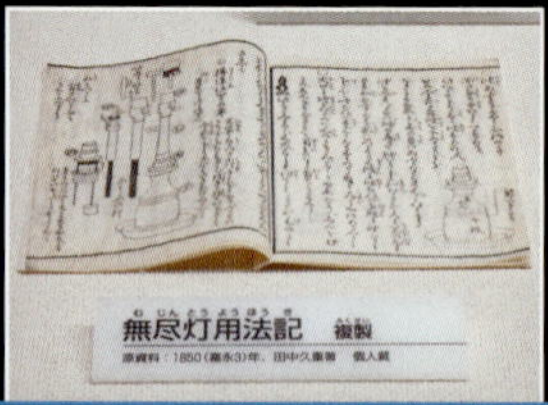

Check 2 オットー4サイクル内燃機関

明治19年に持ち込まれた、世界で3台しかない初代オットーサイクル内燃機関（4サイクル）のうち、2番目に古いもの。6馬力程度しかないが、これら内燃機関を学んだのが、内丸佐一郎（うちまる・さいちろう）、隈部一雄（くまべ・かずお）、そして豊田章一郎（とよだ・しょういちろう）である。日本の自動車工業の原点だ。

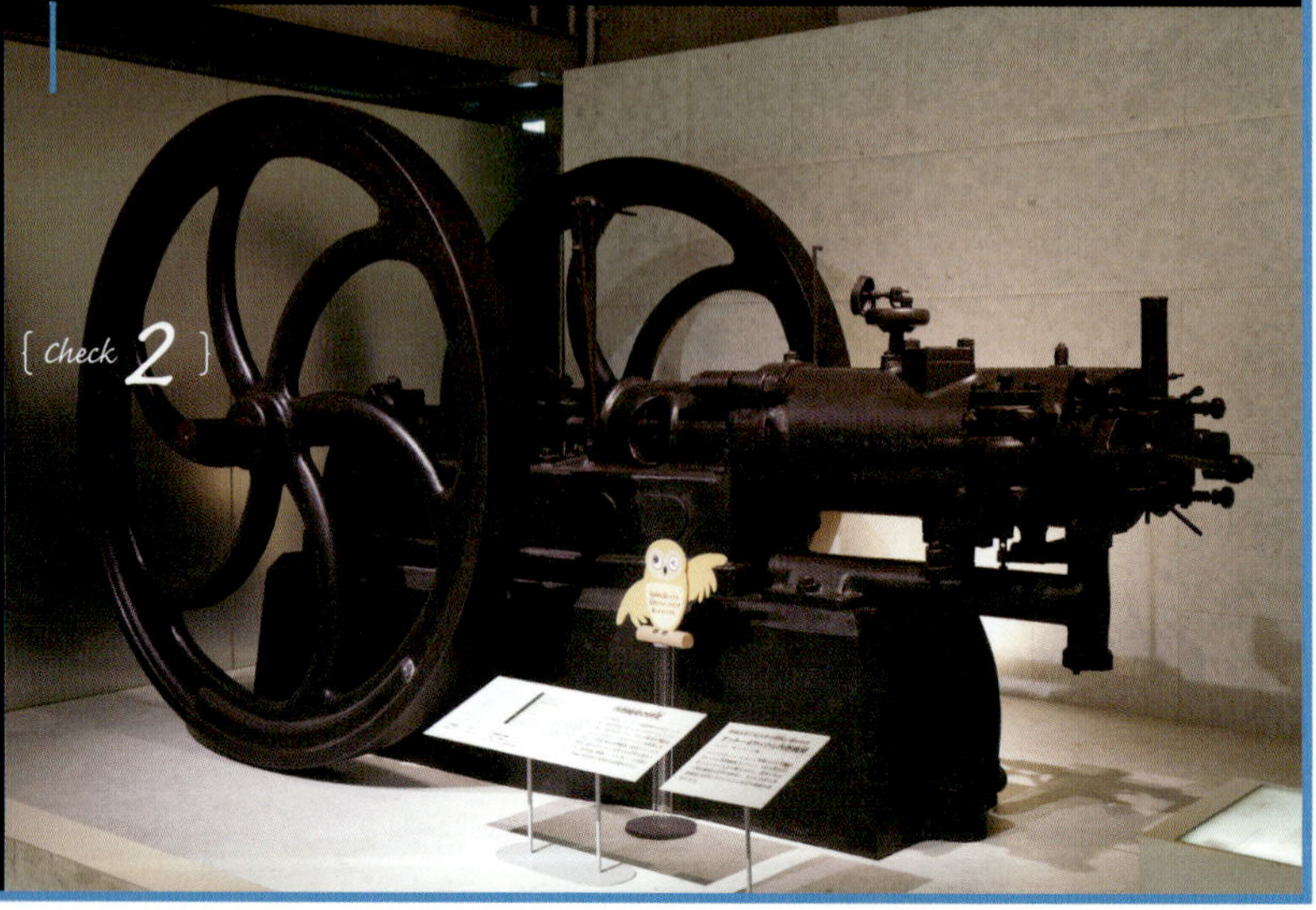

高柳式テレビジョンシステム

{ Check 3 }

3次元のものを2次元のカメラで捉えて、1次元の電気信号として送る。これが映像送信の基本。光を電気に変換する技術が確立されて以降、この映像送信の技術が急速に発達した。この展示は、1930年に高柳健次郎（たかやなぎ・けんじろう）が天皇陛下に上覧したときの装置を再現している。

ユーイングの蘇言機

{ Check 4 }

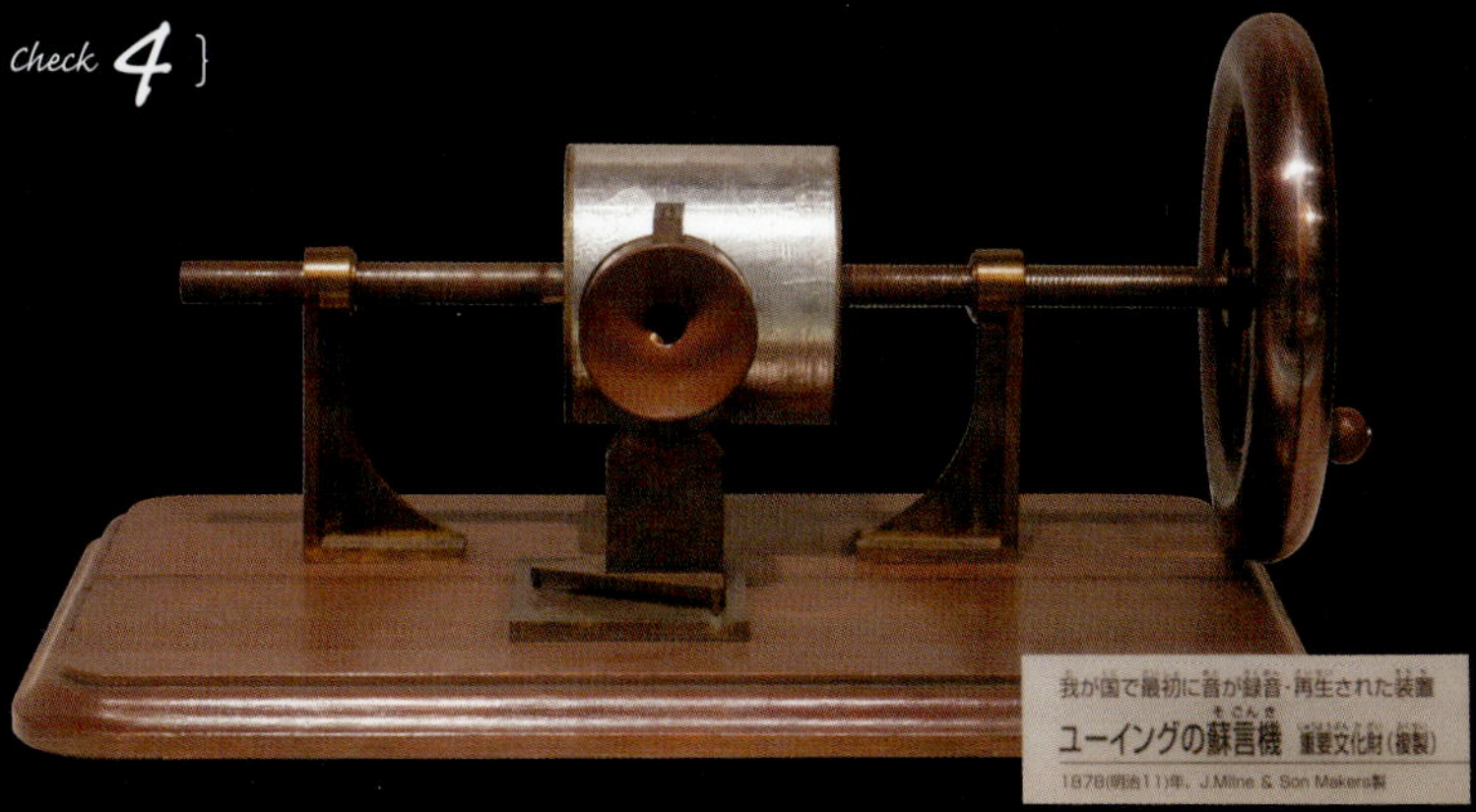

音を保存する、蓄音機の仲間。これがなければ、音楽や言葉を後世に伝えることはできなかった。日本に持ち込まれたのは明治初期。この頃、政府は海外から科学技術を指導する外国人を数多く招聘していたが、そのうちの一人であるジェームズ・ユーイングが持ち込んだものだ。

世界の動物たちに会う

キリン、ゾウ、ウシ、ウマ、シカ、クマ、サル、イノシシ、オオカミ……。子どもが真っ先に動物の名前を覚えるのは、魅力的だからだ。それは大人をも魅了する。

『国立科学博物館のひみつ』にも登場してくれた川田先生に案内してもらう

3F 地球館 Global Gallery

川田先生の著書『モグラ博士のモグラの話』も面白いが、実際の話も面白い

案内人

川田伸一郎
動物研究部研究主幹
→P084

地球館の3階ほど、知識がない子どもでも楽しめるところはないのではないか。そう断言できるくらい、ただ見ているだけでワクワクしてくるのが、多くの剥製《はくせい》が集められたこのフロアだ。どんなところで暮らしているのだろう、何を食べるのだろう、どんな声で鳴くのだろうと、知りたいことが次々と湧いてくる。もちろん、食べたらどれが旨いのかにも興味がある。

　科博の日本館に注目した前著『国立科学博物館のひみつ』の取材で茨城県つくば市にある研究施設、自然史標本棟にお邪魔したときも、やはりワクワクした。ずらりと並んだ剥製を前にすると、そんなことがあるはずないのに動き出し噛みついてくるのではないかとドキドキもした。そういった妄想を抱かせるのは、キラキラとした目でこちらを見つめる動物ならではではないか。たとえそこにはもう命が宿っていないとわかっていても不思議な力を持っている。

　その妙な感覚が湧き起こるのは、絶対に一緒にいるはずのない動物——たとえば、ホッキョクグマと熱帯雨林に暮らすサル——が同じ空間に展示されているからでもあるだろう。現実離れした世界は、我々現代日本人の普段の常識の狭さを実感させてくれる。

　一見、ぶっきらぼうで、しかし動物愛を隠しきれない川田先生に案内してもらった剥製のなかには、見たことのない、名前も聞いたことのない動物もいた。自分に知らないことがあると気づくことは、知識欲を刺激する。まだ知らないものをもっと知りたい、見てみたいという気持ちが湧いてくるのだ。

　とはいえ、きっと子どもたちはこんな小難しいことを考えずに、ただただ「スゴい」「強そう」「かっこいい」と思って展示を見ているに違いない。そういった鑑賞の仕方を大人にも許してくれる懐の深さが、科博からは感じられる。

Animals of the Earth

大地を駆ける生命

今にも動き出しそうな剥製群。
今は絶滅してしまったものの姿も

手前にも、奥にも、その間にも
生きていたときそのままの姿で
動物たちがこちらを見ている。
ここに佇んでいると
多様性という言葉の意味を
強く、深く理解できる気がしてくる。

Stuffed Animals

剥製の動物たち

アフリカスイギュウ

アフリカスイギュウはアフリカではよく見られますが、日本では珍しい。そういった動物もここにはたくさんいます　川

２７６点の剥製は壮観

成毛　ここには何点くらいの剥製が展示されているんですか？

川田　哺乳類と鳥類を合わせて２７６点です。

成毛　見たことのない珍しい動物がたくさんいますが……あ、ジャイアントパンダもいるのか。

川田　かつて上野動物園にいた親子のパンダですね。

成毛　ちなみに、ここに展示されているものも研究用に使うんですか？

川田　使えますが、基本的には研究用の剥製とは別です。スペースの問題や、壊れやすいということもあって、研究用のものはこのように立たせません。

成毛　剥製にしやすい動物、しにくい動物ってありますか。

ヒトコブラクダ

こちらはヒトコブラクダ。同フロアの『コンパス』にはフタコブラクダがいるので、機会があれば違いを観察してみてください 川

ジャイアントパンダ

かつて上野動物園のアイドルだった、父フェイフェイ（左）と娘トントン（右）。ちなみに地球館1階にいるのは母ホアンホアンです 川

剥製にしにくい動物

川田 キリン、ゾウ、ウマ、サイなどの皮の厚い動物は、なめしに技術が要りますね。

成毛 そういえば、ここにはゾウの剥製はないですね。

川田 欲しいなとは思いますが。

成毛 管理で気を遣う点は？

川田 湿度が30％以下になるとひび割れが起こりやすいので、そこは気を遣います。

成毛 しかし、これだけ動物がいると、つい、どれが旨いかなとか思ってしまいますね。

川田 果実食のものは旨いですよ。あと、展示とは関係ないですが、移入種。繁殖しすぎた外来種はどんどん食べたほうがいいと思います。ブラックバスとかブルーギルも旨いですから。

ハーテビースト

アフリカの草原にいる動物ですが、端整な顔立ちで、可愛らしいですね 成

ヨーロッパバイソン

一度は絶滅したヨーロッパバイソン。その後、飼育個体が増えて今は野生化もされています 川

Yoshimoto Collection

ヨシモトコレクション

表情と高い技術に注目

成毛 ここの剥製たちはどれも表情豊かですよね。とてもクオリティが高いと思います。

川田 科博ではヨシモトコレクションを412点持っていますが、そのうちの81点をここに展示しています。このスペースを作るきっかけになったコレクションですね。

成毛 ヨシモトコレクションとは、ハワイの実業家、故ワトソン・T・ヨシモトさんから寄贈された貴重な剥製コレクションですよね。

川田 シアトルで剥製にしているようです。ハンティングが盛んで、見て楽しむという文化が根づいているので、技術が確立しているんです。やはりよくできていますよ。

成毛 日本ではあまりなじみのない動物もたくさんいますね。

川田 ジャイアントイランド、オジロヌーなど珍しいものが揃っています。これだけの全身標本が揃っているのはヨシモトコレクションだけだと思います。

成毛 他に、ラインナップに加えたい動物はありますか。

川田 そうですね……、絶滅危惧種ですが、ターミンジカとか。ツノの形がとても変わっていて特徴的なんです。

成毛 草食動物はツノを見ているだけでも飽きませんよね。ここにいるシカ類も、ツノの形が本当に美しい。ぜひ、ターミンジカも見てみたいです。他に、科博が持っていない剥製ではどんなものがありますか？

オジロヌー

日本では珍しい剥製です。一度野生絶滅しましたが、今は飼育個体が放され、増えています　川

ジャイアントイランド

ヨシモトコレクションの剥製は種類の多さも魅力ですが、こうした細かい再現をぜひ見てください。血管がリアルです　川

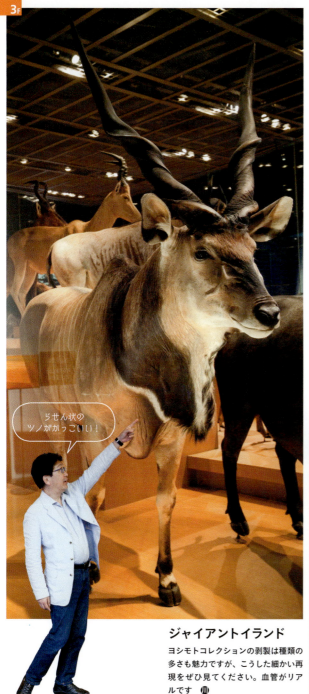

ナイルリーチュエ

絶滅の恐れがあるナイルリーチュエもヨシモトコレクションの一つ。まるで生きているようです 成

ブラックバック

ベストを選ぶのは難しいけれど、これはかなり好きな剥製です。ツノが特徴的ですが、全体のフォルムも美しいでしょう？ 川

キバノロ

来館者のなかにもファンの多いキバノロですが、これも絶滅危惧種です 川

川田　哺乳類でいえば、フクロモグラ、フクロアリクイ、ハネジネズミ、ミクロビオテリウム、ケノレステスが揃えば目《もく》レベルではすべて揃うことになります。アメリカのスミソニアン博物館は全部揃っているんですよ。

成毛　スミソニアン博物館は保有する剥製の数自体も多いし、スペースも広いですしね。

川田　そういう違いは確かにあります。

成毛　それに歴史の側面から見ると、欧米では軍隊に博物学者が随行《ずいこう》するのが当たり前だったと聞きます。そこでいろいろなものを集められたんですよね。

川田　確かに、動物標本は侵略の際に集められたものがたくさんあります。スミソニアン博物館の日本の哺乳類のリストを見

Yoshimoto Collection
ヨシモトコレクション

オリックス
プロ野球ファンにはおなじみのこの名前。もともとはこの草食動物のことなんですね 成

シフゾウ
明治時代には上野動物園にもいましたが、今は多摩動物公園などで見られます。野生ではすでに絶滅 川

コヨーテ
オオカミに似ていて、ちょっと小型なコヨーテ。可愛らしいので飼いたいという人もいるのでは 成

ても、1945年、46年に沖縄で集められたものが大量にあるんです。ただ、太平洋戦争は別として、日本のものは割と友好的に渡っているものが多いというのも特徴ですね。

成毛　そうなんですか。

小動物を充実させたい

成毛　見る限り、小さい動物はここにいないですね。川田先生のご専門のモグラとか。

川田　小哺乳類も充実させたいという思いはあります。モグラについてはいつかモグラ展をやろうと思うので、そのときかな。

成毛　モグラ展！　いいですね。

川田　小さい動物って、皆さんの知らない変なヤツがまだまだいっぱいいるんですよ。

ニホンオオカミ

絶滅してしまったニホンオオカミの全身剥製は、日本に3体、世界でも4体しかありません　川

もう見られない動物

成毛　そういった変な小哺乳類は、入手も困難なんですか？

川田　オーストラリアやアフリカに行けばたくさんいますよ。害獣《がいじゅう》扱いされているものもいます。そういったものも、せめて目《もく》レベルでは揃えたいですね。

成毛　なるほど。

川田　希少《きしょう》という観点であれば、こちらを見てください。

成毛　絶滅した動物ですか。このニホンオオカミなんかも、もう生きている姿は見られません。

フクロオオカミ

おそらく日本で唯一のフクロオオカミの剥製です。オーストラリアのタスマニア島に生息していましたが、絶滅してしまいました　川

カナダオオヤマネコ

もしも1体もらえるなら、イヌ派のボクですがこれを選びます。ポージングが可愛いでしょう？ 成

On the Brink of Extinction

絶滅の淵で

剥製にすると半永久的にその姿を止めることができるので、後世の人にとっては貴重な資料になりますね。そういったものを出し惜しみせずに見せてくれるのもこの科博のいいところです。

人気者はやはり……？

成毛 あの、ぬいぐるみみたいな可愛らしいカナダオオヤマネコも絶滅してしまったんですか。

川田 数は減りましたが、飼育したものを野生に再導入する試みが成功しつつあります。ここでは、絶滅種の他に、絶滅危惧種や、一度野生絶滅したが、飼育個体の繁殖に成功して野生に放されたものも展示しています。

成毛 あのオオヤマネコは部屋に飾りたいなあ。ちなみに、このたくさんの動物のなかで一番の人気者はどれでしょうか？

川田 ジャイアントパンダかな。

成毛 やはり上野だけに！

川田 シカ類も人気ですね。個人的にはスイギュウを飼うのが夢です。優しい動物なんですよ。

ここにも注目！

アジアスイギュウは東南アジアのあちこちで見られるが、野生のものは減っている。穏やかな性格をしていて、ベトナムの農村部などでは、小さな女の子が、犬の散歩をするようにこのスイギュウと歩いている姿も見られる。川田先生はそれを見るたびに「なんて素敵な光景なんだろう」と思うと話していた。

アジアスイギュウ

{ Check 1 }

ホッキョクグマ

お隣の『コンパス』（194ページ参照）にも惜しみなく剥製が展示されている。なかでもホッキョクグマは子どもたちにも人気の存在だ。赤ちゃんホッキョクグマも同じ『コンパス』内に展示されているので、それを探してみるのも面白い。

{ Check 2 }

{ Check 3 }

フタコブラクダ

“ヒトコブ”がいたら“フタコブ”も必要ということで作られた貴重な剥製も『コンパス』の中に。中国北部やモンゴルでは大半が家畜のもの。

川田先生の専門は、モグラ。『コンパス』内の棚に隠れているのを発見！　なお川田先生はモグラのいない南半球への出張は断っているのだとか。

{ Check 4 }

モグラ

科博の恐竜コレクション

科博の特別展で圧倒的な集客力があるのが、老若男女に人気の恐竜だ。しかし、常設展にも科博が誇る恐竜たちがいる。ここは、そんな選ばれし恐竜が集う夢のフロア。

真鍋先生の打てば響くような解説に納得

B1F

地球館
Global Gallery

恐竜博士は展示方法についてのアイデアも豊富に持っている

案内人

真鍋 真
標本資料センター
コレクションディレクター
→P098

なぜ恐竜は人気があるのかと考えるまでもなく、ボクも恐竜ファンだ。大きな体をしていること、今はもういないこと、まだまだ謎が多いこと。何を食べて、どこで眠り、どうやって絶滅していったのか。どれを考えてみてもロマンでしかない。

多くの子どもにとってももちろんそうで、なかには真剣に恐竜博士になりたいと考える子もいる。しかし今、そういった子が抱える悩みがあるそうだ。それは、〝自分はまだ、間に合うか〟ということ。大人になり、恐竜博士になった頃には、恐竜に関する謎はすべて解かれていて、もうすることがなくなってしまっているのではと心配しているらしい。

その悩みに「大丈夫、間に合いますよ」と答えるのは、恐竜博士の真鍋真先生。正しくは理学博士だが、話を伺っていると恐竜博士としか言い様がない。それはさておき、間に合うとはどういうことなのか。

真鍋先生曰く、「まだまだ見つかっていない化石のほうがはるかに多いはずで、すでに見つかった化石からでも新しい発見はできます」。このフロアの展示にも、新しい発見がいくつも反映されている。実は他の分野でも、こういったことはある。解析や分析の手法が発達することで、過去にはできなかった研究、そして発見ができるようになる。そうやって学問は前へ進んでいく。遅すぎるということはないのだ。

では、どうしたら恐竜博士になれるのか。いくつかルートがあるようだが、真鍋先生は「獣医学部へ進んでは」という。いろいろな動物を見て触れて、解剖をすることが、生き物を知るうえで大切なのだそうだ。確かに、恐竜も生き物だ。「そう考えると、たとえば首の長い恐竜は心臓から脳までどうやって血液を送っていたんだろうとか、疑問が湧いてきますよね」と真鍋先生。なるほど、将来の恐竜博士が解かなくてはならない謎は、まだまだ残されている。

Exploring the Mysteries of Dinosaur Evolution

Re New

恐竜の謎を探る

骨だけしかないが、それがいいのだ。
肉づけをして、色をつけて、と。
自由に頭の中で
在りし日の姿を妄想できる。
どんな表情をし、どんな行動をし、
どんな声をしていたのか、
考えているとあっという間に時が過ぎる。

いつも多くの恐竜ファンが
大きな骨格標本を見上げ
ている

新たなティラノ像

真鍋　ティラノサウルスはまだ50体ほどしか見つかっていなくて、そのうち、全身復元骨格が見られるのは、このバッキーを含めて10体くらいです。ポーズが面白いでしょ?

成毛　しゃがんでいますね。

真鍋　ティラノサウルスは恥骨《ちこつ》が発達していて、最新の研究では、後ろ足と恥骨の三点で体を安定させて休んでいたのではないかと考えられています。使いものにならなそうな極端に短い前足も、しゃがんだ姿勢から起き上がるときの支えにしたと考えると、合点がいくのです。

成毛　腹の肋骨《ろっこつ》もきれいですね。

真鍋　腹肋骨や叉骨《さこつ》がここまで復元されているのは珍しいです

Tyrannosaur

ティラノサウルス

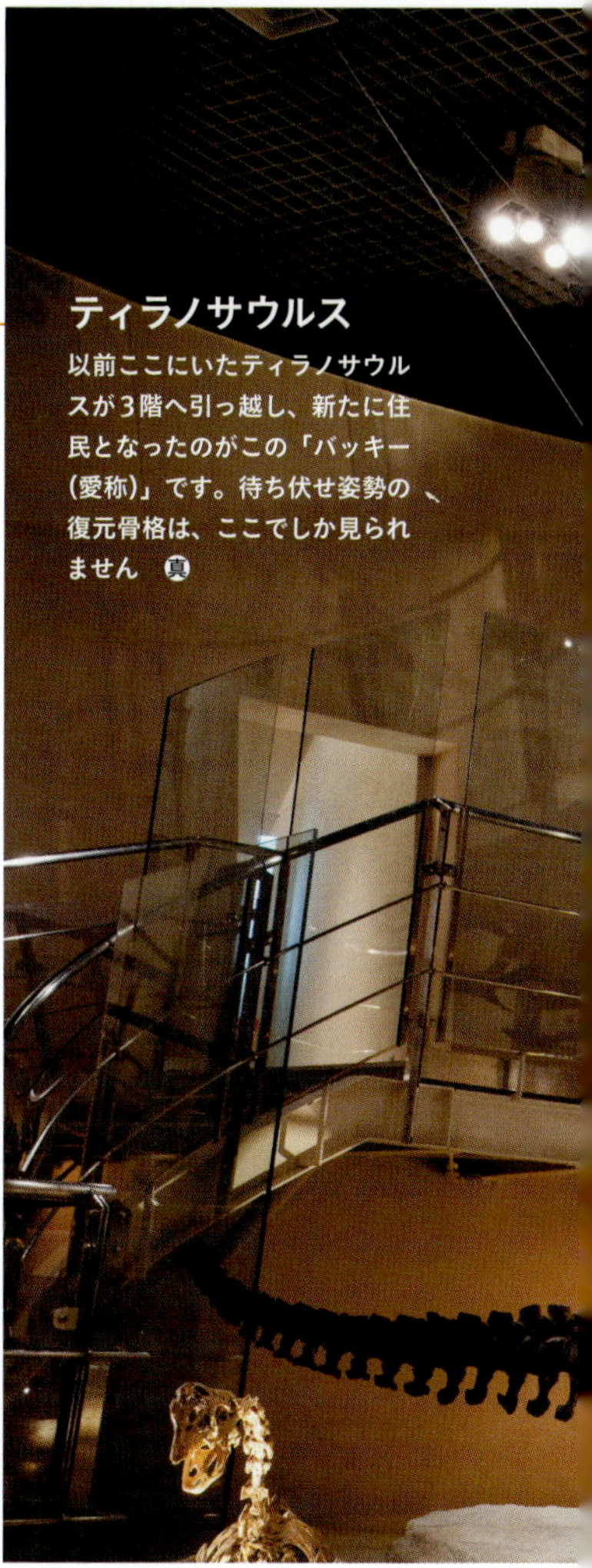

ティラノサウルス

以前ここにいたティラノサウルスが3階へ引っ越し、新たに住民となったのがこの「バッキー（愛称）」です。待ち伏せ姿勢の、復元骨格は、ここでしか見られません 真

ティラノサウルス復元画：凸版印刷株式会社

ティラノサウルスの新しい復元画

ティラノサウルスには羽毛が生えていた！という新説には復元画で対応。しゃがんだビジュアルも新鮮 成

ね。このポーズを復元するにあたり、バッキーを選んだ理由でもあります。

成毛 最近は、羽毛が生えていたという説も出てきていますが。

真鍋 それも近年の研究でわかったことですが、実は恐竜ファンにはウケが悪いんです。羽毛のある復元画は、どうしても迫力に欠けてしまいますよね。

光が見え方を変える

成毛 あれ？ 部屋の照明が暗くなりましたよね。

真鍋 30分に一回、照明が暗くなるようになっています。そうすると、骨格の作る影が変わりますし、骨格の見え方も変わるんですよ。

成毛 素晴らしい演出ですね。

トリケラトプス

ツノとフリルで有名なトリケラトプスは、この時代を共に生きたティラノサウルスと対峙するように展示されています 成

肘の向きに注目

成毛　演出といえば、ティラノサウルスとトリケラトプスという、恐竜界の2大スターが向かい合っているのもいいですね。

真鍋　ありがとうございます。トリケラトプスは実はこの部屋に2つ展示されていて、こちらの横たわったものは、1999年にこのフロアがオープンして以来の重要な標本です。頭から腰までがほぼつながっていて、手足もあり、世界的に見ても非常に状態がいいものですね。

成毛　トリケラトプスというと、肘を外側に突き出しているイメージがありました。

真鍋　昔の図鑑にはそう描かれていますよね。でも、爬虫類のように肘を突き出すのは、四足

Triceratops

トリケラトプス

トリケラトプス（産状化石）

横たわっているのは、この状態で発見されたから。左半身は風化侵食で失われていましたが、埋もれていた右半身がきれいに残っていました　真

歩行の恐竜には本来見られない特徴なんです。なので「本当は恐竜ではないのでは?」といった質問を受けることもあります。

成毛　よく考えるとそうですね。

真鍋　ところが、この標本を調べると、肘を外側に突き出すのではなく、「小さく前ならえ」のようにして脇を締めて歩いていたことがわかりました。このことから、トリケラトプスは二足歩行をしていた祖先から、草原が広がった時期、エサの草を食べやすいようにと四足歩行に戻ったのではないかと考えられています。そして、その姿を復元したのが、こちらの立ち姿勢の復元骨格です。

成毛　本当だ。この肘の向きの違いに気づいている人は、そう多くないかもしれませんね。

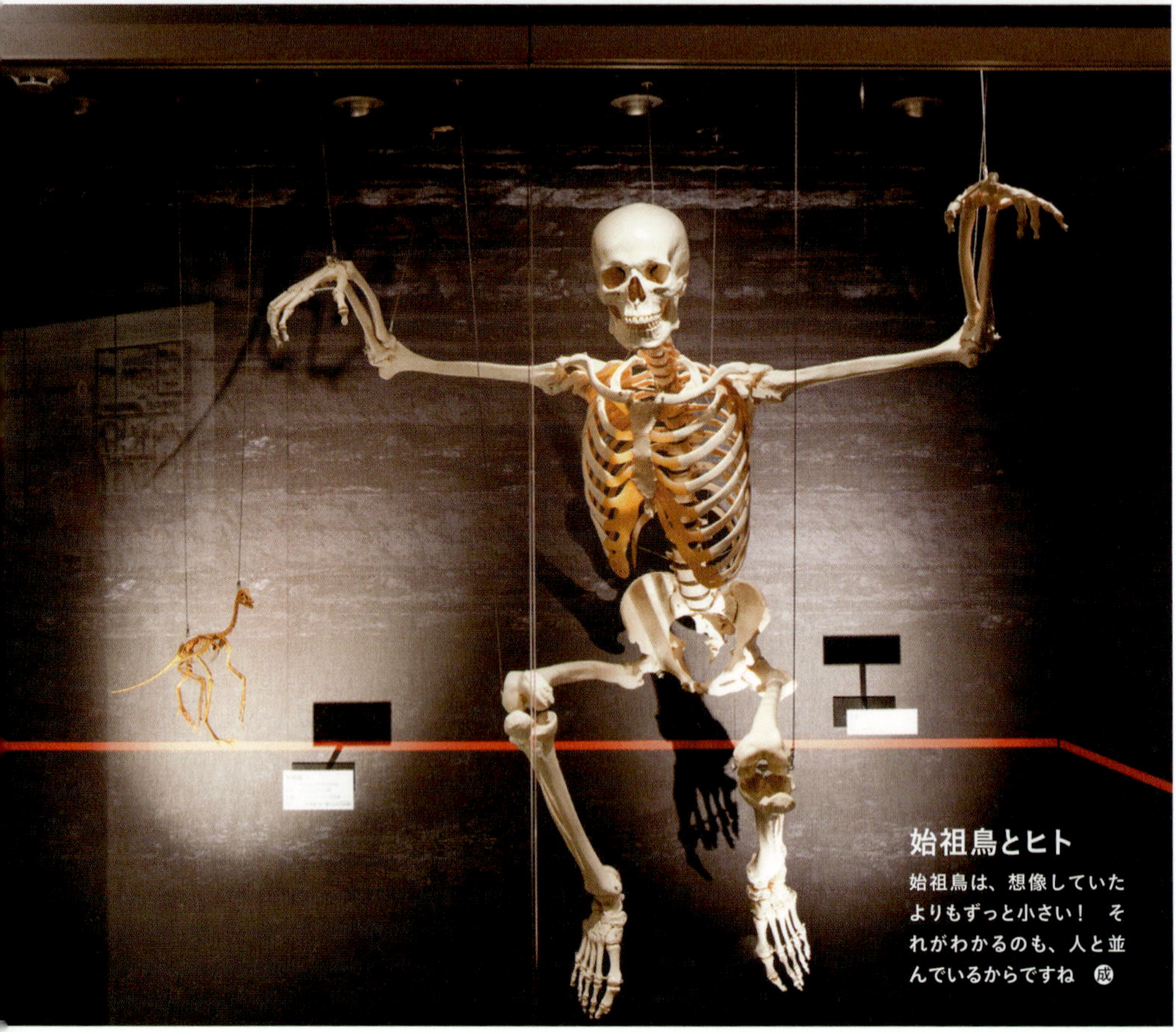

始祖鳥とヒト

始祖鳥は、想像していたよりもずっと小さい！ それがわかるのも、人と並んでいるからですね 成

Bird or Dinosaur

鳥か恐竜か

恐竜って何だ？

成毛 人が鳥のポーズをしていますが、何の展示ですか？

真鍋 隣に始祖鳥がいます。こうして見ると、人も始祖鳥も骨の基本構造は同じです。

成毛 ユニークな展示ですね。

真鍋 始祖鳥は長い間、1億5000万年前から鳥がいたことの証拠でした。ところが近年、恐竜に羽毛が生えていた説が有力になると、始祖鳥も恐竜だったのではないかという疑問が生じるようになりました。

成毛 確かに。混乱しますね。

真鍋 現在は、鱗《うろこ》がある変温動物《へんおんどうぶつ》は爬虫類、羽毛が生えていて空を飛ぶ恒温動物《こうおんどうぶつ》は鳥と分類されますが、進化の過程には爬虫類と鳥類の境目があるはずです。

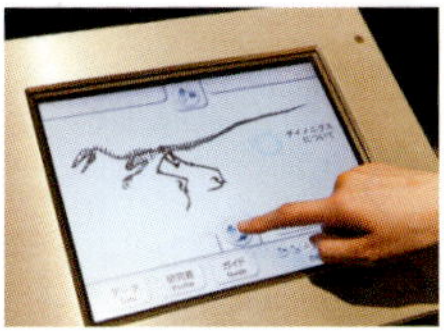

デイノニクス

手首の手根骨、足の大きなかぎ爪。これが、恐竜は爬虫類より鳥類に近いという説の根拠となっています 真

約 1 億年前の羽毛化石

この太古の羽毛は持ち主不明。もしかしたら恐竜のものかもしれません 真

でも、その境目は明確にできません。爬虫類のなかにトカゲやワニ、それから恐竜がいて、その恐竜の一部が、始祖鳥を経て鳥になったと考えられているのですが、これはつまり、恐竜は爬虫類の一グループで、その恐竜の一部が鳥という、入れ子構造になっているということです。

成毛　そう聞くとますます、恐竜って何なんだろうと興味が湧きますね。ちなみに、こちらのデイノニクスは、羽毛を持った恐竜ですよね。

真鍋　そうですね。この展示はちょっと凝りました。回してみてください。

成毛　すごい。いろいろな方向から見られていいですね。とはいえ、貴重な標本をこのように展示するなんて、太っ腹だなあ。

実物化石とレプリカ

Real fossil
and Replica

見つかった化石の首の細さで
定説が覆った！

お宝を総動員

真鍋　科博には、展示されているもの以外にも収蔵庫にお宝がたくさんありますが、恐竜に関しては、ここにあるものがベストです。

成毛　そうなんですか。

真鍋　積極的に展示すれば、研究にももっと活用されるはずですし、展示も工夫しています。

成毛　それは研究者だけでなく、科博ファンにとってもありがたいことです。

頭突きしていなかった

成毛　この骨格標本の黒い部分と白い部分の違いは何ですか？

真鍋　これは実物化石ですが、実物といってもすべてが実物ではありません。恐竜はバラバラで発見されて、完全な姿で見つかることはほぼないので、ない部分はレプリカで補います。これでいうと、黒い部分が実物、白い部分がレプリカです。このように、重要な化石は想像で補って展示しています。

成毛　では、これも重要な化石なんですね。

真鍋　はい。パキケファロサウルスは頭がドーム状になっていて、頭突きをしていたのではないかといわれていました。でも、首を見てください。

成毛　とても細いですね。

真鍋　これは首の部分が見つかっている唯一の化石ですが、S字にカーブしているし、華奢《きゃしゃ》ですよね。この化石の発見で、頭突きには適していなかったらしいことがわかったのです。

パキケファロサウルスの頭骨

頭の部分が分厚いのがパキケファロサウルスの特徴です　真

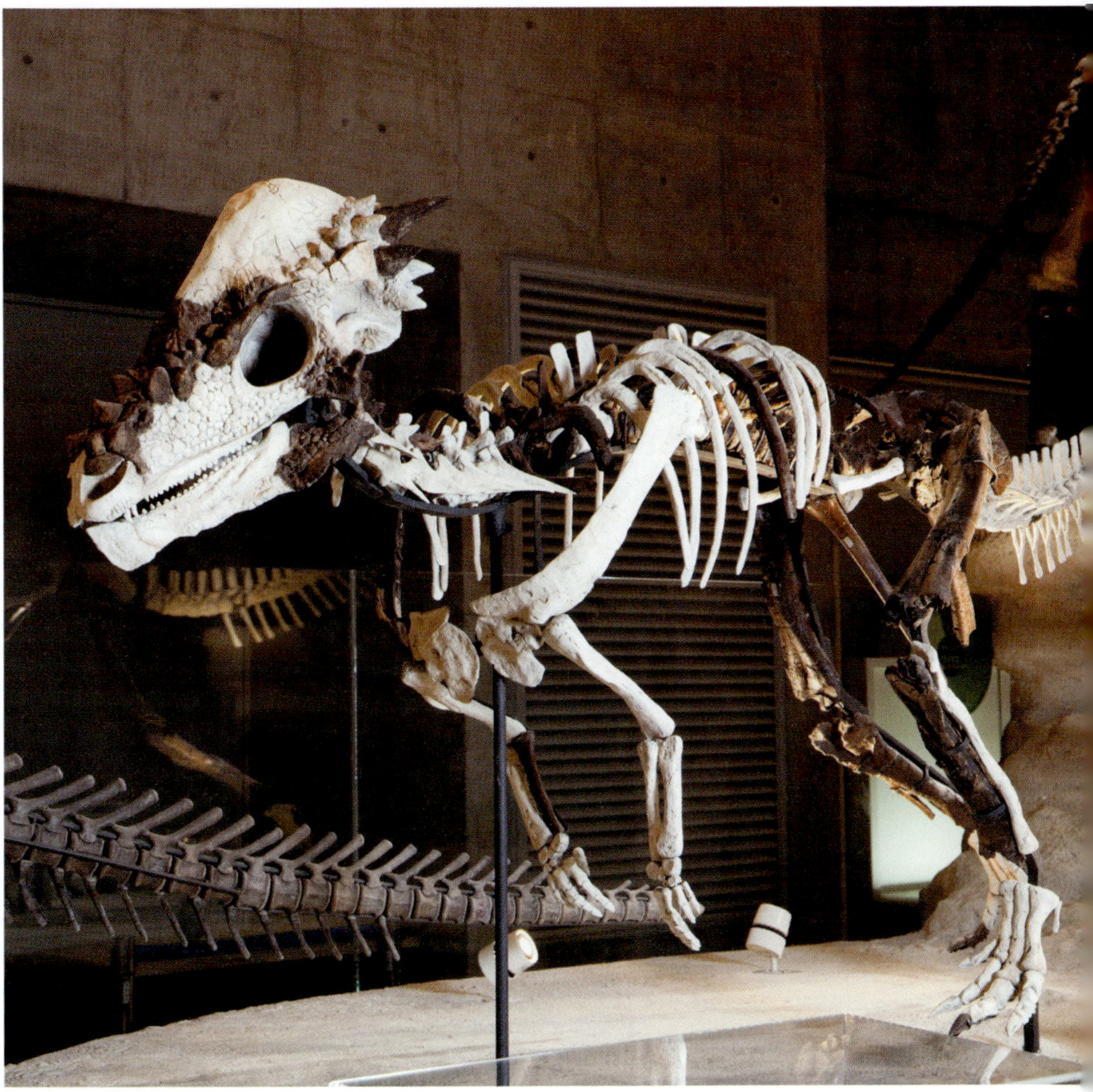

パキケファロサウルス

白いレプリカ部分の素材はFPR。ガラス繊維が入った強化プラスチックで、ポキッと折れないしなやかさは実物の骨に似ています　真

ここにも注目!

恐竜の影

海外の博物館では、床や壁に恐竜の影が描かれていることも少なくない。しかしここ科博では、その影を意識した配置になっている。「なかなか気づいてもらえませんが」と真鍋先生は言うが、部屋の照明を定期的に暗くすることで、影や恐竜の見え方にいくつもの顔を持たせているのだ。ついつい、長時間滞在してしまう。

{ Check 1 }

できるだけいろいろな方向から見たい。その希望を叶えてくれる存在が、ティラノサウルスのバッキーの後ろにある階段だ。ここに上がると展示室が一望できる。下を歩いていたときには見落としていた展示にも気づくだろう。また、写真には写っていないが、足元にも注目。ここからしか見られないものが見られる。

発掘から博物館に展示されるまで

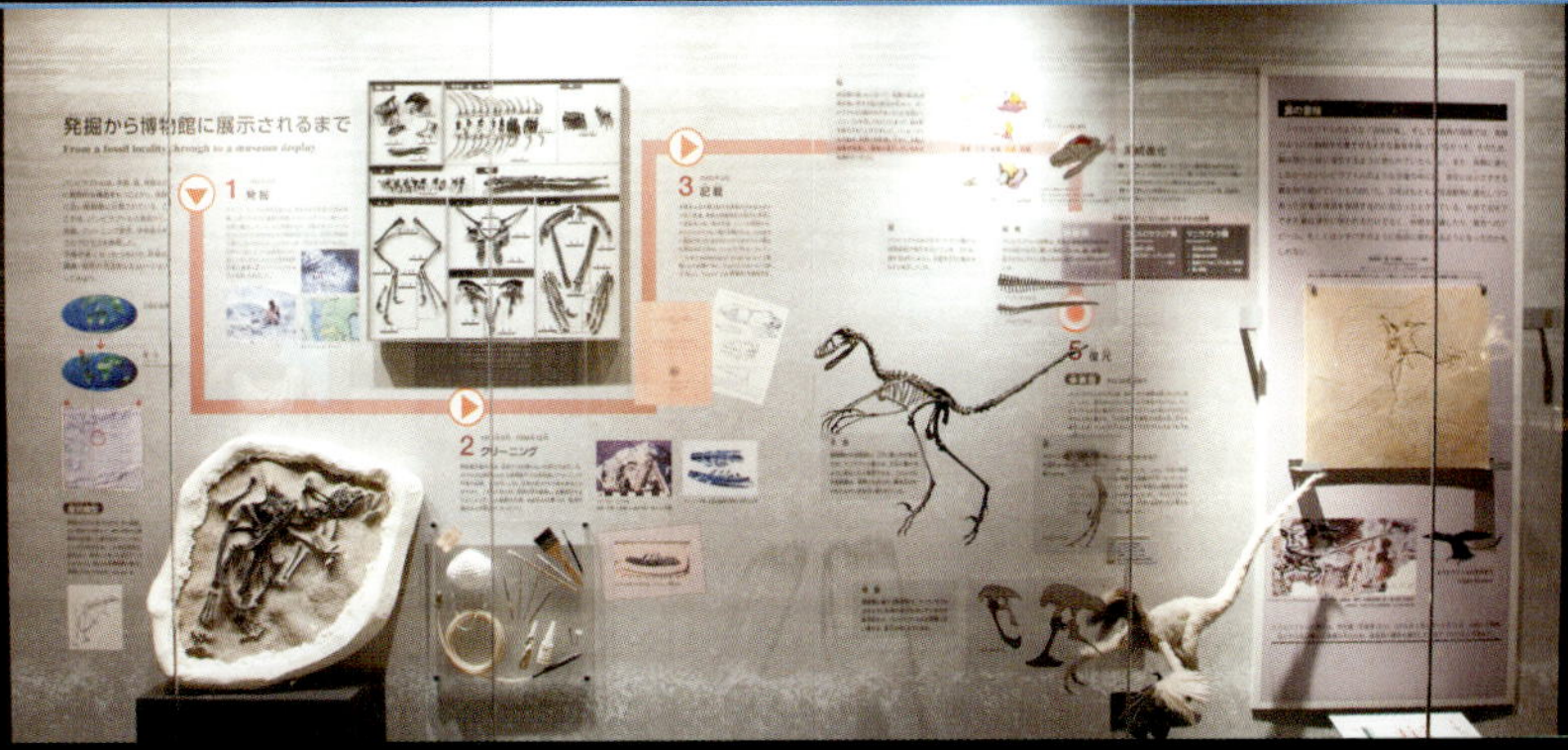

{ Check 3 }

博物館に化石が展示されるまでには、発掘→クリーニング→記載→系統進化などの研究→復元というプロセスをたどる。何気なく展示されている標本も、何人もの専門家の手を経て、ここへたどり着いているのだ。この一連の作業をまとめた大変興味深い展示は始祖鳥の近くにあるので、ぜひ見てほしい。

{ Check 2 }

恐竜を上から見る

CTスキャン室

{ Check 4 }

病院にあるCTスキャンが、なぜ科博に？と、思うかもしれないが、破壊せずに内部の状態を確かめられるCTスキャンは、研究者にとってなくてはならない研究道具。タイミングが良ければ、実際に研究をしている研究者の姿を見ることができる。

46億年の生命進化

地球は46億年前に誕生した。
ではその歴史のなかで、生命はどう生まれ、変化してきたのか。
今はもういない生物の痕跡を見ながらその道筋をたどろう。

天井を泳ぐ迫力満点の骨格標本の下で記念撮影

天井だけでなく床も要チェック！
360度見どころだらけだ

B2F

地球館
Global Gallery

案内人

久保田好美
地学研究部
研究員
➔P114

齋藤めぐみ
地学研究部
研究主幹
➔P114

佐野貴司
地学研究部
グループ長
➔P112

海部陽介
人類研究部
グループ長
➔P138

木村由莉
地学研究部
研究員
➔P124

重田康成
地学研究部
グループ長
➔P116

地球が誕生してから今日までの46億年を1年間にたとえると、生命が誕生したのは2月下旬、ホモ・サピエンスが登場したのは12月31日の午前中とよくいわれる。地球の歴史は人間の先輩にあたる生物で溢れているのだ。ただし、その先輩のなかには今はもういない生物もいる。アンモナイト、三葉虫、マンモス、原人、旧人。もういないにもかかわらず誰もがこういった名前を知っているのは、科博のような学べる施設があることと無関係ではないと思う。

案内してくれる先生方は異口同音《いくどうおん》に「研究のためにも展示」と言っていた。たとえば大学では、古生物を教える授業は確立されていないという。それは、教材として使える標本がほとんどないからだ。そこで日本一のコレクションを誇る科博では、古生物の展示に力を入れる。興味のある方はどうぞゆっくりとご覧くださいというわけだ。

そして生物の残したものはどれもこれもきれいだ。化石を私的にコレクションする人の気持ちも理解できる。ただし、美術品とは少し違うという話にはなるほどと思った。美術品は古くなるほど価値が上がる。しかし化石は、発掘される量が増えるほどに一つあたりの価値は下がる。少し複雑な話だが、先行者利益のないコレクションはつまり、集めやすいともいえる。価値は下がっても美しさが損なわれるわけではないし、今から始めるのにもいい趣味だと思う。もっとも「たくさん発掘されれば」という条件つきではあるが。

きれいといえば、クロマニョン人が残した楽器やアクセサリーもきれいだ。ただ便利なだけでなくきれいなものを作りたいという欲求はこの頃からあったことがよくわかる。

生命がどのように誕生したのかは科学最大の謎の一つだが、では、美を愛する心はいつどのようにして生まれたのか。ここにいると、ついそんなことまで思ってしまうのだ。

Evolution of Life

地球環境の変動と生物の進化

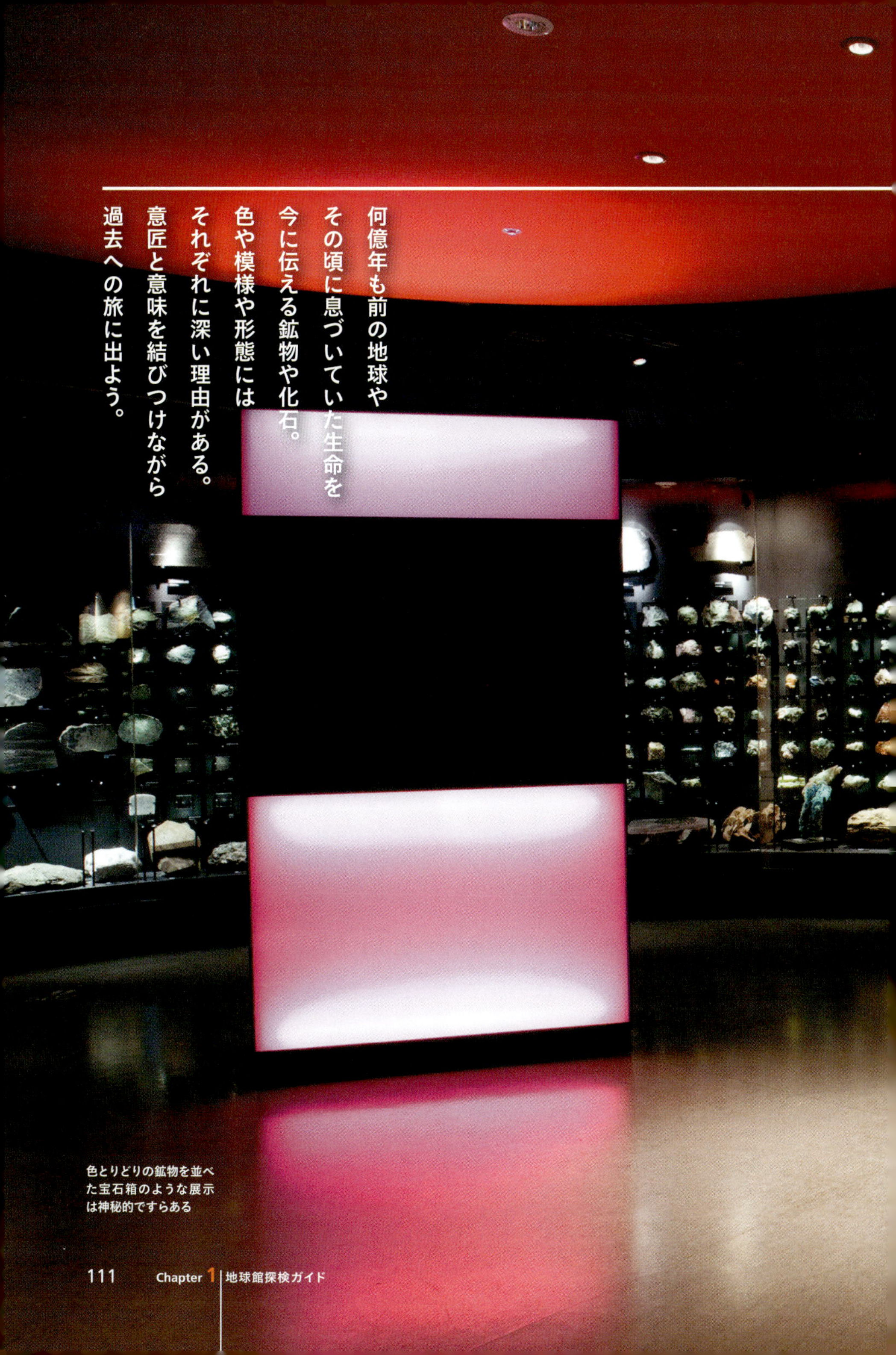

何億年も前の地球や
その頃に息づいていた生命を
今に伝える鉱物や化石。
色や模様や形態には
それぞれに深い理由がある。
意匠と意味を結びつけながら
過去への旅に出よう。

色とりどりの鉱物を並べた宝石箱のような展示は神秘的ですらある

Mineral

鉱物

38億年前の岩石

現時点で、世界最古の石は40億年ほど前のもの、日本最古の石は37億年ほど前のものが見つかっています　佐

地球は緑だった

佐野　ここにある大きな石は、38億年前のものです。

成毛　それは石としては相当古いものなのですか。

佐野　古いですね。世界最古で40億年前のもの、日本最古で37億年前のものが見つかっています。その日本最古の石を見つけたのは科博の堤《つつみ》之恭《ゆきやす》という研究者で、彼は世界最古も狙っています。ところで成毛さん、地球は何色かご存じですか？

成毛　ガガーリンは「地球は青かった」と言いましたが……。

佐野　私たちのように鉱物を研究している人間から見ると、地球は緑です。地球の7割を占めるマントルが緑色なんです。

成毛　なぜ緑色なんですか。

かんらん石

緑がかって見えるのは、鉄を含んでいるから。地球の7割くらいを占めるマントルの大部分はかんらん石からできているので、緑色をしています (佐)

青唐辛子翡翠

前著で“科博の秘宝”として紹介した翡翠。唐辛子ほどもある大きさといい、色味といい、大変貴重な代物だそうです。現在はつくばで保管中 (成)

純金

純金といっても、自然のものなので純度は90%だそう。残りはプラチナなど (成)

佐野　マントルの大部分はかんらん石《せき》という鉱物で、そこには鉄分が含まれているんです。たくさん含みすぎると黒くなりますが、適度に入っていると緑になります。

成毛　地球をパカッと割ると中は緑色なのか……。図版などでは赤やオレンジで描かれることが多いですが、それは熱いというイメージからでしょうか。

佐野　そうですね。

成毛　ところで緑といえば、以前、つくばの自然史標本棟で素晴らしい翡翠《ひすい》を見せてもらいました。展示しないのですか。

佐野　セキュリティの問題で、現状は難しいです。ショーウィンドウ全体が金庫の展示室ができたら、いつかぜひ展示したいと思っています。

微化石展示

大きな模型もありますが、虫眼鏡で実物化石も観察できます 成

Microfossils

微化石

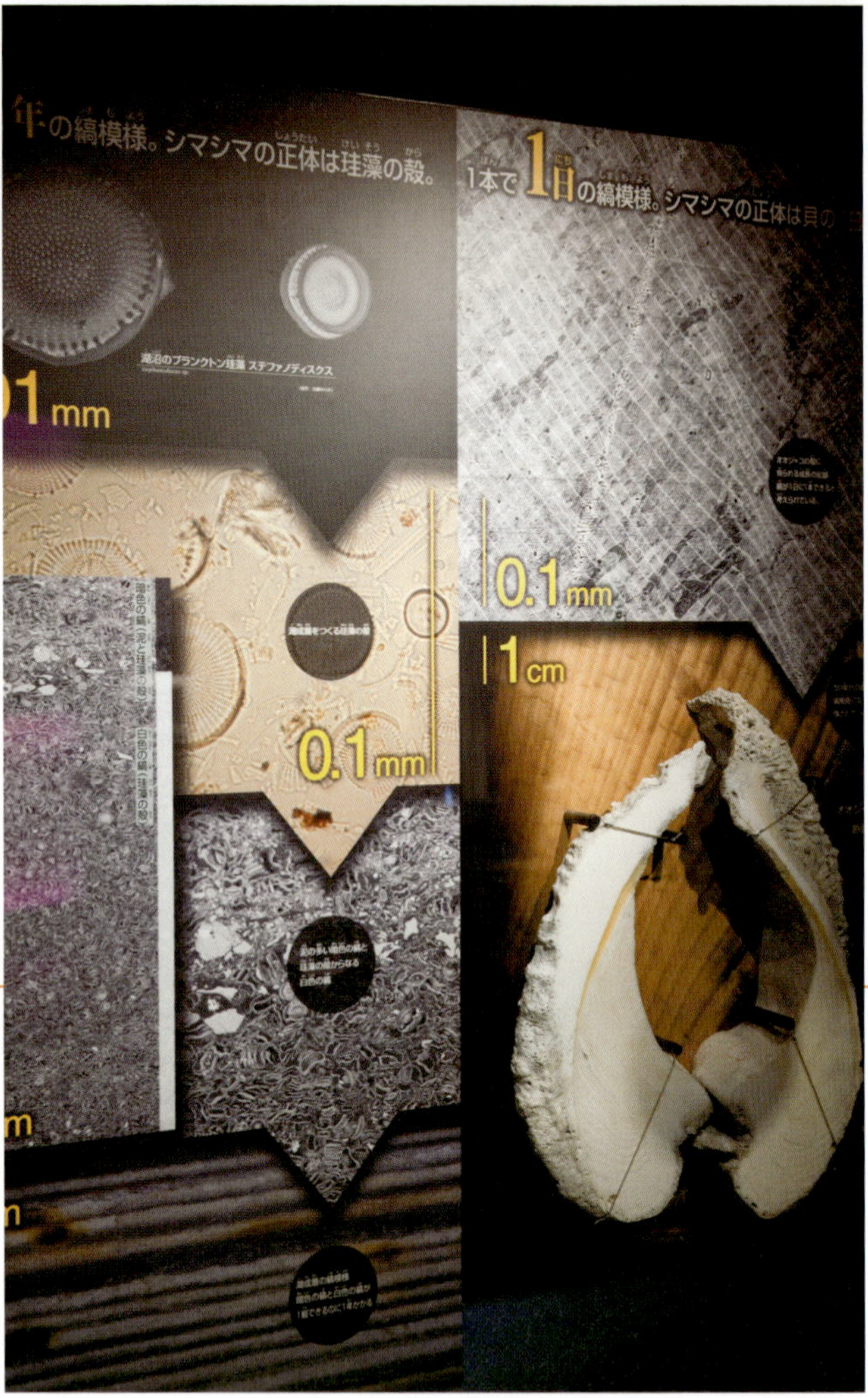

地層の微化石

地層を拡大して見ると、無限にたくさんの微化石があることがわかります 齋

小さな化石たち

成毛 微《び》化《か》石《せき》のコーナーが設けてある博物館は珍しいですね。

齋藤 あまりないですね。

成毛 微化石というのは、どういった化石なんでしょうか。

齋藤 微化石という種類ではなく、小さい化石の総称なんです。とても小さいので、拡大した写真や模型を中心に展示しています。たとえば、こちらは地層の拡大写真ですが、こうして見ると、たくさんの微化石があることがわかります。

成毛 砂の一言で片づけてしまいがちですが、多彩なんですね。

齋藤 こちらには虫眼鏡と共に実物化石の展示もしているので、ぜひ見てください。

成毛 うわあ。虫眼鏡で見ても

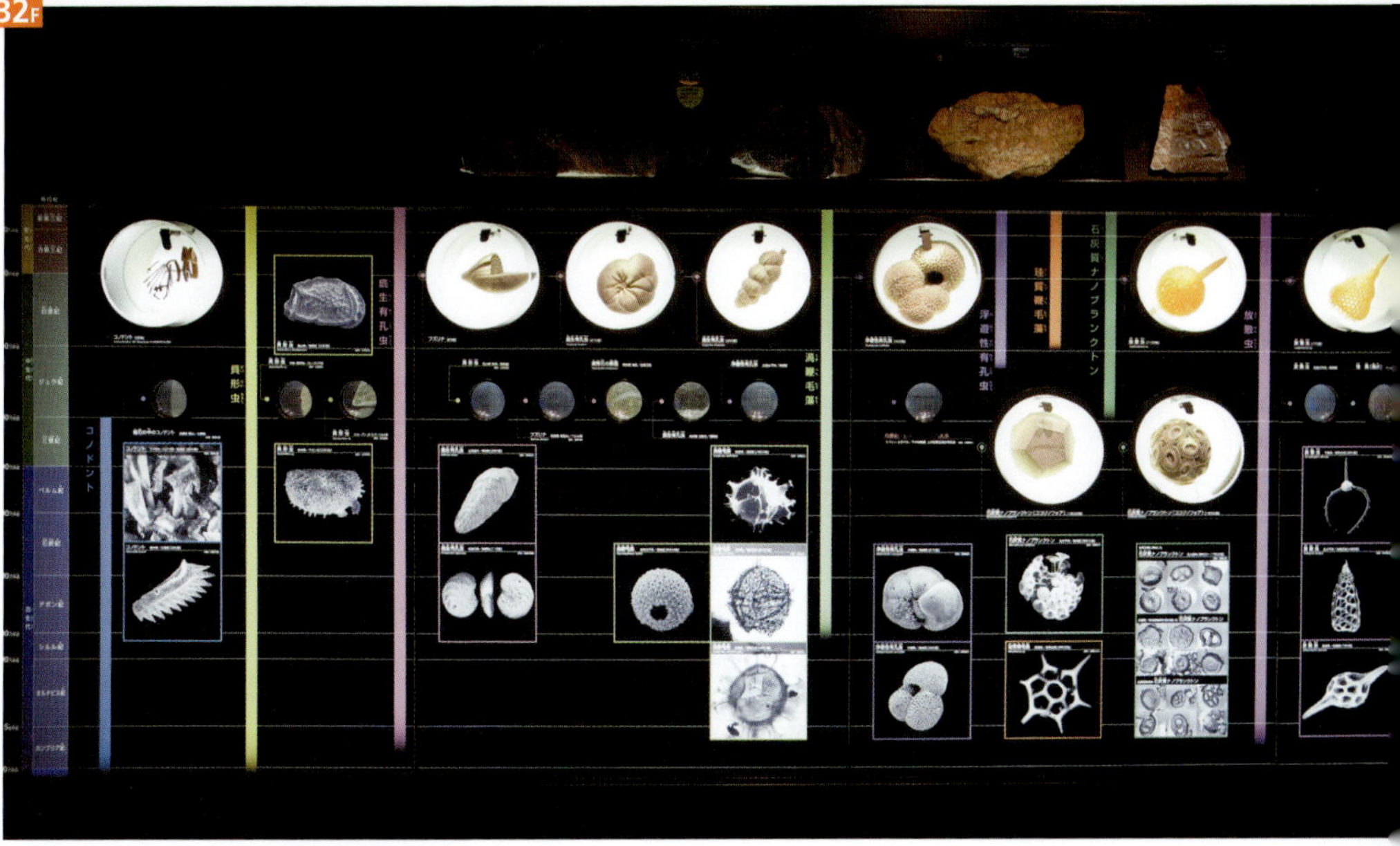

小さいですね。これを見つけるのは大変そう。ちなみに、微化石のなかでもそれぞれご専門があるんですか?

齋藤 私は珪藻《けいそう》が専門です。

久保田 私は有孔虫《ゆうこうちゅう》を研究しています。有孔虫を調べると、地球環境がどう変化してきたかがわかります。

成毛 生き物の研究をしようと思ったとき、眼や口がある生き物のほうが一般的には興味が沸きそうな気がしますが、微化石を研究しようと思ったきっかけは何だったんでしょうか?

久保田 もともと歴史や考古学など過去のできごとに興味があり、地球の歴史を調べることができる有孔虫に行き着きました。

成毛 なるほど。研究者も微化石の世界みたいに多様性がありますね。

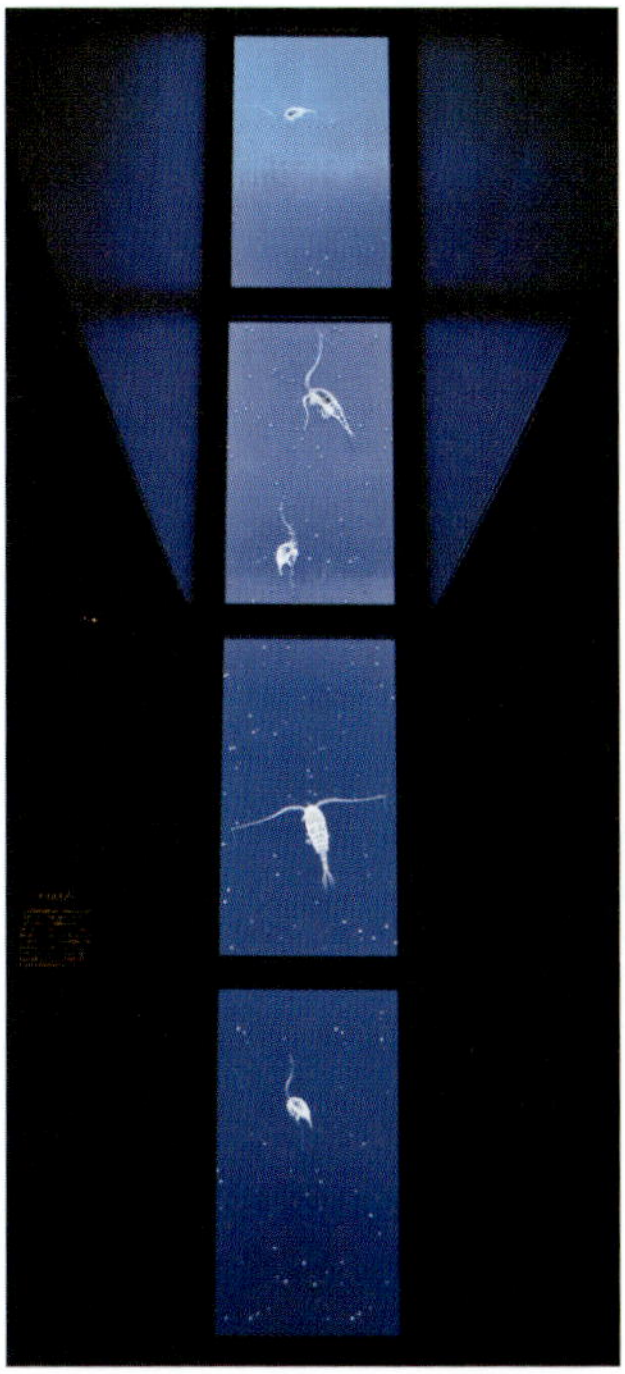

マリンスノー

ふわふわと上からマリンスノーが降ってきます。縦にモニターを並べるのはいいアイデアですね 成

ストロマトライト

この縞模様は生物が作ったものなんです。ポイントは酸素　重

クリマクティクニテス

大きなナメクジのような動物が干潟を這った跡です。約5億年前、カンブリア紀後期のものです　重

協力：神奈川県立
生命の星・地球博物館

這った跡も研究対象

重田　今度は少し大きな生物の痕跡《こんせき》をご覧いただきます。

成毛　これはアート作品のようですね。説明されないと、科学的に意味があるものと気づかないかもしれません。

重田　クリマクティクニテスですね。これはカンブリア紀後期に、生物が干潟を這《は》った跡です。

成毛　約5億年前のものですよね。どうしてこんなにきれいに残っているんですか。波で消えそうですが。

重田　そこなんです。この頃はバクテリアが干潟に薄い膜を作っていました。その上に砂が積った結果、このような這った跡がしっかり残ったのです。

成毛　なるほど。どんな生物が

こちらもストロマトライト。よくぞここまできれいな状態で残りましたね。残ったものの何倍もの数が、これまでに波などで失われてきたでしょう　成

協力：神奈川県立生命の星・地球博物館

Stromatolite

ストロマトライト

這っていたんですか。

重田　体の化石は見つかっていませんが、巨大なナメクジのような動物と考えられています。その他のことは、まだわかっていません。

成毛　このストロマトライトも生物がいた証ですか。

齋藤　そうです。この縞状の模様がその証拠です。光合成をして酸素を作る生物がいると、海の中に解けている鉄が酸化鉄になり、黒くなります。それが積もった結果がこの縞模様です。

成毛　一番古いのはいつ頃のものですか。

齋藤　そこの議論は絶えないのですが、27億年前という数字を信じている人が多いですね。

成毛　研究が進むと、その数字は変わるかもしれませんね。

日本最大級のアンモナイト

長径1メートル20センチは日本最大級のサイズ。こんなに大きくても、海の中では浮いていました　重

ワリセロプス

フォークのように三分岐した突起は何に使われていたのか。謎です　成

アンモナイトの気持ち

成毛　私は北海道の出身なのでアンモナイトはたくさん見てきましたが、これは大きい。

重田　北海道では確かにたくさんアンモナイトの化石が見つかっています。これは日本で最大級です。世界最大は長径1・7メートルほどなのですが、それよりは少し小さいですね。

成毛　アンモナイトが泳いでいた海って、どんな景色だったんでしょうね。

重田　そういう想像はよくします。アンモナイトになったつもりで「ここは酸素が少ないから、息が苦しいな」とか。

成毛　想像力をかき立てられますね。そもそも古生物は、今は生きていない生物ですから、そ

Paleoorganism

古生物

コミュラ

三葉虫の化石はかなりポピュラー。私的にコレクションをしている方もたくさんいます 重

カクトクリヌス

これはウミユリの仲間。現在、棘皮動物にはウニやヒトデなど5グループしかありませんが、古生代には20グループくらいいたようです 重

れを研究するにはイマジネーションが大事ですね。

重田　たとえば生物の這った跡の化石を見たときに、この主は殻を持っていたのか、脚はどうなっていたのか、どんな歩き方をしていたのかといったことを想像するわけですが、そういった謎解きがこの分野の面白さだと思います。今の生物には見られない特徴を持っている生物がたくさんいるので、想像はどんどん膨らみます。

成毛　そうですよね。ここには三葉虫の化石もたくさんありますが、どれも本当に不思議な姿です。このワリセロプスの三叉の大きなツノとかも、邪魔じゃないのかなとか、何に使ったんだろうなあって想像しながら見ると、とても面白いです。

ここにも注目!

{ Check 1 } 三葉虫の模型

三葉虫の様々な特徴をわかりやすく教えてくれる、大型の模型。よく見ると眼をぐるっと囲うように線が入っている。実は、ここから殻が割れて脱皮していたのだと重田先生が教えてくれた。三葉虫は化石ショップでも見る比較的ポピュラーな化石だが、眼の周辺が壊れているものも結構紛れている。それはつまり、脱皮殻であるということ。目の前の三葉虫が脱皮殻かどうかを確かめてみるのも面白いかも。

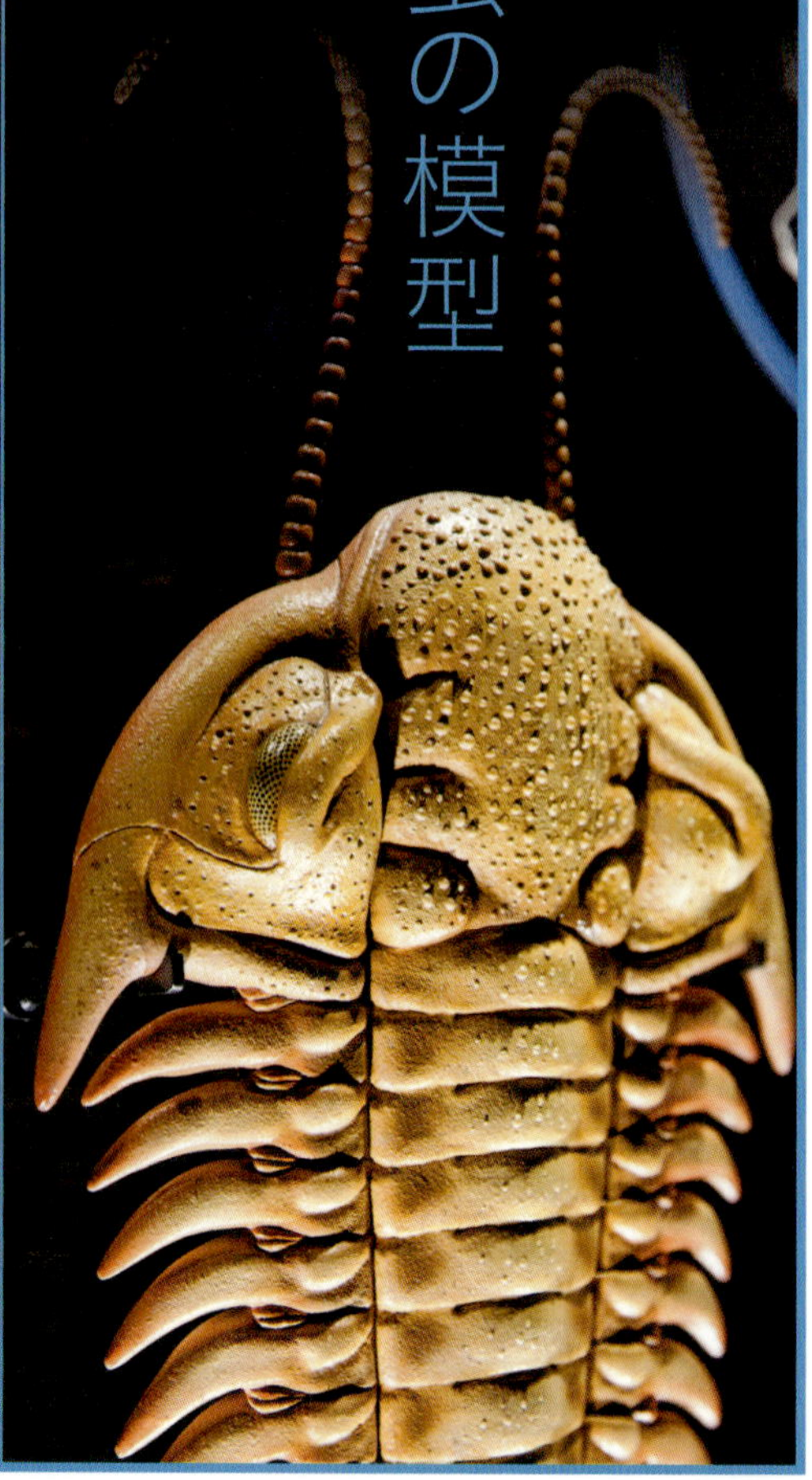

{ Check 2 } オギゴプシス

三葉虫の展示は、その多様性を示すように、面白い姿をしたものがたくさん並べられている。こんなにあると、つい脱皮殻の話を思い出してしまうが、科博には脱皮殻のものは少ないとか。ただそのなかでも、いくつか脱皮殻と思われるものを教えてもらった。確かに、眼の周辺が壊れていたり、頭部と尾部がバラバラになっている。

{ Check 3 } エオブロンテウス

ダンクルオステウス

{ Check 4 }

「噛まれたら最後」。見るからにそう思わせるこの生き物は、やはり噛む力が相当強かったとみられる。ただし歯はない。なお、ゲーム『ドラゴンクエスト』にも同じ名前の巨大深海魚が登場する。

オルタカントゥス

{ Check 5 }

サメやエイのように骨格のほとんどが軟骨でできている軟骨魚類の一種。魚については、軟骨魚が硬骨魚に進化したという説があり、サメやエイなどは、進化しないまま残ったレアなケースとされる。

歯や骨にはその生物が
どうやって生きていたか
の答えがある

B2F

Evolution of Reptiles and Mammals

爬虫類と哺乳類の進化

魚類、両生類、爬虫類、哺乳類、鳥類。
これらを隔てるものは何なのか。
何を“同じ”と見なし、何を“違う”と捉えるのか。
謎解きのヒントは彼らが生きていた時代と場所に隠されている。

Origin of Mammals

哺乳類の起源

Dimetrodon sp.

まるで帆。
風が強いときは
歩きにくかったのでは？

ディメトロドン

背中にある大きな帆のようなものに目を引かれますが、肋骨にも注目です　成

トリナクソドン

哺乳類の祖先的な動物で、すでに横隔膜があったと考えられています　木

人間の歯は便利な歯

木村　哺乳類は、単弓類《たんきゅうるい》という大きなグループの一部です。その単弓類のうち原始的なディメトロドンと、より哺乳類に近いトリナクソドンを見てください。

相称歯類《そうしょうしるい》と三錐《さんすい》歯類 (1)
トリボスフェニック型 (2) ／多丘《たきゅう》歯類 (3)

切り刻む機能とすり潰す機能の両方を備え持つのがトリボスフェニック型の歯。爬虫類・両生類・魚類と違うところです ㊍

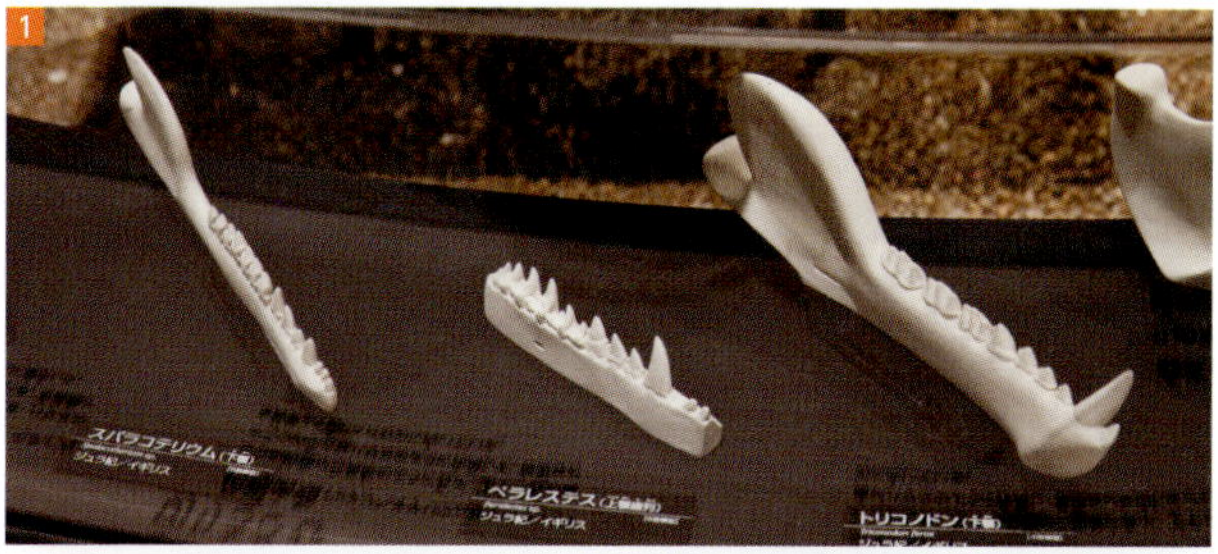

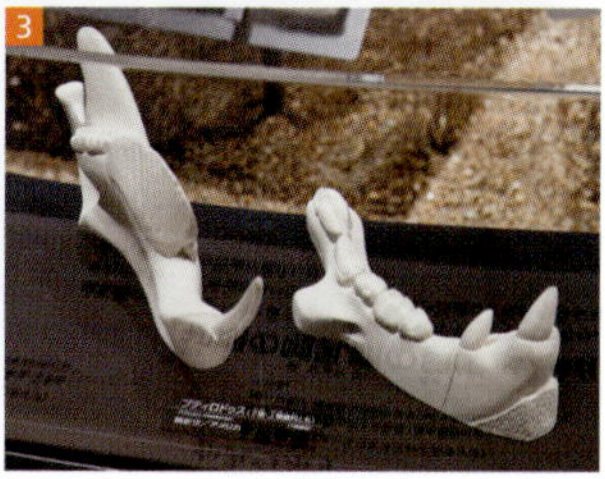

成毛　いつ頃の動物ですか？

木村　ディメトロドンはペルム紀の始め、トリナクソドンはペルム紀の終わりから三畳紀《さんじょうき》の始め頃までです。

成毛　その頃すでに哺乳類へとつながる生き物がいたんですね。

木村　哺乳類を含む単弓類と恐竜を含む双弓類《そうきゅうるい》は、約3億年前に枝分かれしました。哺乳類は恐竜絶滅後に繁栄したイメージがありますが、最近の研究で、恐竜の時代である白亜紀《はくあき》でも哺乳類の多様性が富んでいたことがわかってきています。

成毛　ディメトロドンは背中の帆に目がいきがちですが、体全体を覆う肋骨《ろっこつ》も印象的ですね。

木村　はい。一方、トリナクソドンを見ると、お腹の部分に肋骨がありません。これは、横隔《おうかく》膜《まく》があった間接的な証拠といえます。私たち人間も肋骨が覆っているのは肺の部分だけで、内臓の部分にはないですよね。この境に横隔膜があるわけです。筋肉である横隔膜が収縮することで肺に空気が入り、私たちは効率よく呼吸できるのです。

成毛　そのせいでしゃっくりが出るようになったんだな……。

木村　歯にも注目してください。ディメトロドンの歯は前から後ろまですべて同じような円錐形です。一方、真の哺乳類になると歯の機能性が高まり、噛み切る機能とすり潰す機能が上下一対の歯に備わります。哺乳類が他の動物と決定的に違う点の一つなんですよ。

成毛　普段は意識しませんが、我々の歯は便利な歯なんですね。

パレオテリウム　ここから姿は想像できませんが、添えられている復元画はとても可愛い姿です　成

多様な森の生き物

木村　こちらは恐竜絶滅後の哺乳類です。恐竜が絶滅したことで多様性が一気に増えました。

成毛　だんだんと、今の動物に近い骨格になってきましたね。後ろにある、壁を剥がしたようなものは何ですか？

木村　ウマに近縁のパレオテリウムという動物の化石が大量に入っている堆積物《たいせきぶつ》のブロックです。これだけたくさんのパレオテリウムが密集して化石になっていますから、彼らが生息していた場所で突然の洪水があったのかもしれません。このブロックの中にどのくらいの個体がいるか、わかりますか？

成毛　結構いそうですよね。

木村　左右バラバラの下あごを

Fossil Mammals that lived in Forests

森林適応

プレジアダピス

サルの祖先はサルらしいポーズで。しっぽが長いですね 成

オオツノジカ

名前に違わずツノが立派！ 木にぶつけたりして、邪魔にならなかったのだろうか。生きているところを見てみたかった 成

数えて2で割ると、最低何匹いるか推測できます。うーん、どうやら8個体はありそうです。

成毛 このオオツノジカも森林にすんでいたんですか？ 大きなツノは木の枝にひっかかっただろうなあ。

木村 歯の化学成分を分析した最近の研究によると、比較的乾燥したところに生えていた植物を食べていたようなので、森林といっても少し開けたところだったんでしょうね。

成毛 こちらのプレジアダピスはリスみたいですね。

木村 見かけはリスのように見えますが、霊長類にとても近いんですよ。

成毛 そう言われるとサルのようにも見えてきます。

メソヒップス

森にすんでいたウマの祖先ですが、指は3本ありました 木

バシロサウルスとティロサウルス

天井から吊られているのは、左がバシロサウルスという哺乳類、右がティロサウルスという爬虫類。哺乳類と爬虫類を見分けるポイントは、下あごの骨と尾がうねる方向です。違いがわかりますか？　㊍

パキケトゥス

眼が頭の上のほうについています。どうやって前を見ていたのか、想像してみてください　㊍

余った骨は耳の中へ

成毛　このパキケトゥス、何とも言えない顔をしていますね。

木村　眼が上のほうにあり、中心に寄っているからですね。四肢で立っていますが、最も古い鯨類《げいるい》です。発見初期は水棲《すいせい》動物と考えられていましたが、今は陸上で生活していたという考えが主流です。頭を下げて上目遣いで見ていたのかもしれません。

成毛　陸を歩くクジラかぁ。その姿を想像すると可愛いですね。

木村　上を見てください。どちらも水生適応した動物ですが、大きな違いがあります。

成毛　大きな前肢に、長い尾……よく似ていますよね？

木村　まさに水生適応のための収斂進化《しゅうれんしんか》ですね。実は、左側の

Secondary adaptation of tetrapods to life in water

水生適応

バシロサウルスは単弓類、右側のティロサウルスは双弓類。つまり、左は哺乳類、右は爬虫類です。下あごを見てください。左は一つの骨で、右はいくつかの骨で構成されています。

成毛　本当だ！

木村　単弓類のグループは、真の哺乳類へ進化する過程で下あごを構成する骨の数が減り、余った下あごの骨の一つが耳小骨《じしょうこつ》という耳の中の骨になりました。ツチ骨がそれです。爬虫類の耳にはアブミ骨しかありません。

成毛　聞こえ方は違いますか。

木村　耳小骨は音の振動を増幅《ぞうふく》させる役割があるので、真の哺乳類は、原始的な単弓類では聞くことができなかった高い音を聞くことができるようになったと考えられています。

草原適応

Fossil Mammals that lived in Grasslands and Arid Lands

メリキップス

草原適応した初期のウマ。3本指の外側2本が小さく退化し、現在の蹄の形に近づいています　㊍

俊足系 or 重量系

木村　こちらは草原にすんでいた動物です。環境変動によって地球規模で乾燥化が進むと、草原が広がります。森の中に身を隠すことができなくなった動物たちは、いろいろな工夫によって自分の身を守る必要が出てきたんですね。地上で身を守るには二つの方法があって、一つはガゼルのようにコーナリングを上手に使いこなし素早く逃げられるようになること、そしてもう一つがゾウのように体を大きくすることです。ただあまり巨大化すると少しの環境変化で大打撃を受ける可能性があるので、適応進化もほどほどに……。

成毛　へえ、面白いですね。あれ？　このらせん状のものは？

モロプス　奇蹄類（ウマを含むグループ）ですが、蹄ではなくかぎ爪があります ㊍

木村　最初に見つかったときは研究者を困らせました。「悪魔のコルク栓抜き」という愛称で知られています。

成毛　怖そうな名前ですね。

木村　石膏《せっこう》を流して人工的に固めたようにも見えますが、砂嵐などでグルグルっと地中に空いていた穴の中に大量の砂が流れ込み、それが固まったものです。最初は何の化石かわからなかったのですが、中からげっ歯類《しるい》の化石が見つかり、この動物の巣であることがわかりました。

成毛　なるほど。でもなぜ、らせん状に掘ったのでしょう。

木村　敵から逃げるためや、表面積を広げることで土壌から水分を得ていたなど、いろいろな説がありますが、今このような巣を掘る動物がいないので、本当のところはわかりません。

悪魔のコルク栓抜き

この不思議な形の化石はパレオカスターの巣。地下3メートルほど垂直に伸びたらせん状のもので、長い間、研究者を困惑させました ㊍

Ancient Elephant

古代ゾウ

コロンブスマンモス

マンモスといえば巨大な牙ですが、ここで注目すべきは頸椎の短さと、歯です！ 成

巨人発見？

成毛　牙が立派ですね。

木村　コロンブスマンモスの牙は長鼻類《ちょうびるい》のなかでも特に立派です。ところで、キュクロプスはご存知ですか？

成毛　ギリシャ神話に出てくる単眼《たんがん》の巨人ですよね。

木村　マンモスの頭骨の正面に空いている穴は外鼻孔《がいびこう》で、長い鼻の筋肉がこの周りにつきます。外鼻孔を眼の穴と見ると、単眼の巨人の頭骨に見えませんか？

成毛　確かに、牙がなければ人間の顔に似ていますね。

木村　キュクロプスは、古代の人がマンモスのような化石ゾウを説明するために創造した生物であるという説があります。

成毛　面白い説ですね。

アルシノイテリウム

大きな頭をどうやって支えていたのか。奥歯と前歯を同時に使えない歯列は何のためか。謎ばかりで、タイムマシーンが欲しいです 木

歯にまつわる謎

木村　アルシノイテリウムは長鼻類に近縁ですが、絶滅したグループなので謎が多いです。頭を支える筋肉がつく背骨の棘突《きょくとつ》起《き》も短いし、どうやって重い頭を支えていたのか不思議です。歯にも不思議があって、前のほうがカクンと一段下がっていて、奥歯と前歯を同時に使えないようになっているんですよ。

成毛　不思議ですね。あごをどう動かして食べていたのかなあ。

木村　それも歯からある程度推定することができるんです。マンモスの歯を見てもらうとわかりやすいのですが、ゾウはプレートをいくつも重ねたような大きな歯をしています。この洗濯板のようなプレート状の歯に食べ物をゴシゴシと押し当てるようなイメージで、あごを前後に動かして食べるんです。

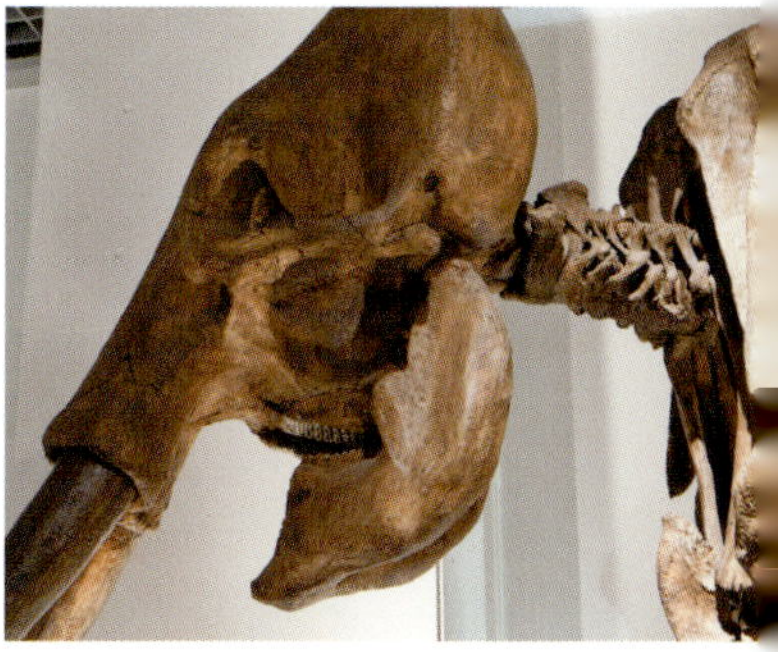

ここにも注目!

{ Check 1 }

パキケトゥスの距骨

距骨とは足首を構成する骨の一つ。この骨が両滑車構造であると、この動物が偶蹄類（シカ・ウシ・カバの仲間）とわかるほど特徴的な骨だ。最も原始的な鯨類であるパキケトゥスの距骨も両滑車構造であり、見た目はまるで異なる偶蹄類と鯨類が実はとても近縁であることがわかった。

コピドドン

全長の半分ほどの長さのしっぽの毛が奇跡的に残されたコピドドン。骨や歯しか残っていない化石が多いなか、貴重な存在だ。長い指やかぎ爪も特徴的だ。

{ Check 2 }

エピガウルスのツノ

Check 3

日本ではここでしか見られないエピガウルスの骨格標本。オスの頭骨にある二つのツノが特徴的だが、ツノを持つ哺乳類としては最も小さい。モグラのように地下に潜っていたが、ツノは穴掘りのために使われていたわけではない。

パレオカスターとその巣穴

Check 4

乾燥地域にすんでいたビーバーの仲間、パレオカスターの巣。よく見ると、ちゃんとパレオカスターがいる。げっ歯類は上の前歯で穴を掘ると思われがちだが、歯を使って掘る場合は上の歯を支えとして下の前歯で掘るのだとか。仮に上の歯を使うと、頑丈すぎる石に当たった場合、衝撃が頭まで響いて大惨事になりそうだ。

科博マニアでも、この存在に気づいている人は少ないです！

B2F

地球館
Global Gallery

Human Evolution

人類の進化

二本足で歩く。道具を使う。
絵を描く。人形を作る。船で遠くを目指す。
服を着てアクセサリーをつける。
どれもが、人だけの特徴だ。

骨格標本の背後には、いつかの時代の森が広がる

ルーシー

ルーシーは全身骨格が見つかったことで有名になった猿人です。来館者を見てびっくりしているのがわかりますか　㊮

頑丈型猿人の下あご

巨大な奥歯と噛むための筋肉がとても発達した猿人のことを、頑丈型猿人といいます　㊮

オルドヴァイ型石器

最も古いとされている石器。後の時代のものと比べるとかなり原始的ですね　㊭

人類は3段階で拡散

海部　人類が700万年前にアフリカで誕生したのは知られていますが、最初の約500万年間はアフリカに留まりました。その後、ユーラシアへ出て原人や旧人が生まれ、その後、ホモ・サピエンスの時代になって世界中に拡散します。

成毛　3つの段階があったということですね。

海部　その最初の段階、アフリカにしかいなかった人類はどんな格好をしていたかというと、このルーシーのように、背が低くて顔が前に突き出しています。

成毛　サルの名残がありますね。

海部　ただ、牙がありません。

それから、足の形がほぼ人間と変わりません。猿人の足は我々

ラ・フェラシー

猿人、原人と比べると落ち着いてじっとこちらを観察しているのは旧人。ホモ・ネアンデルターレンシスの成人男性の生体復元像です 海

トゥルカナボーイ

こちらは原人。トゥルカナとは骨格標本が見つかったケニアの湖の名前です。来館者を見て、少し驚いています 海

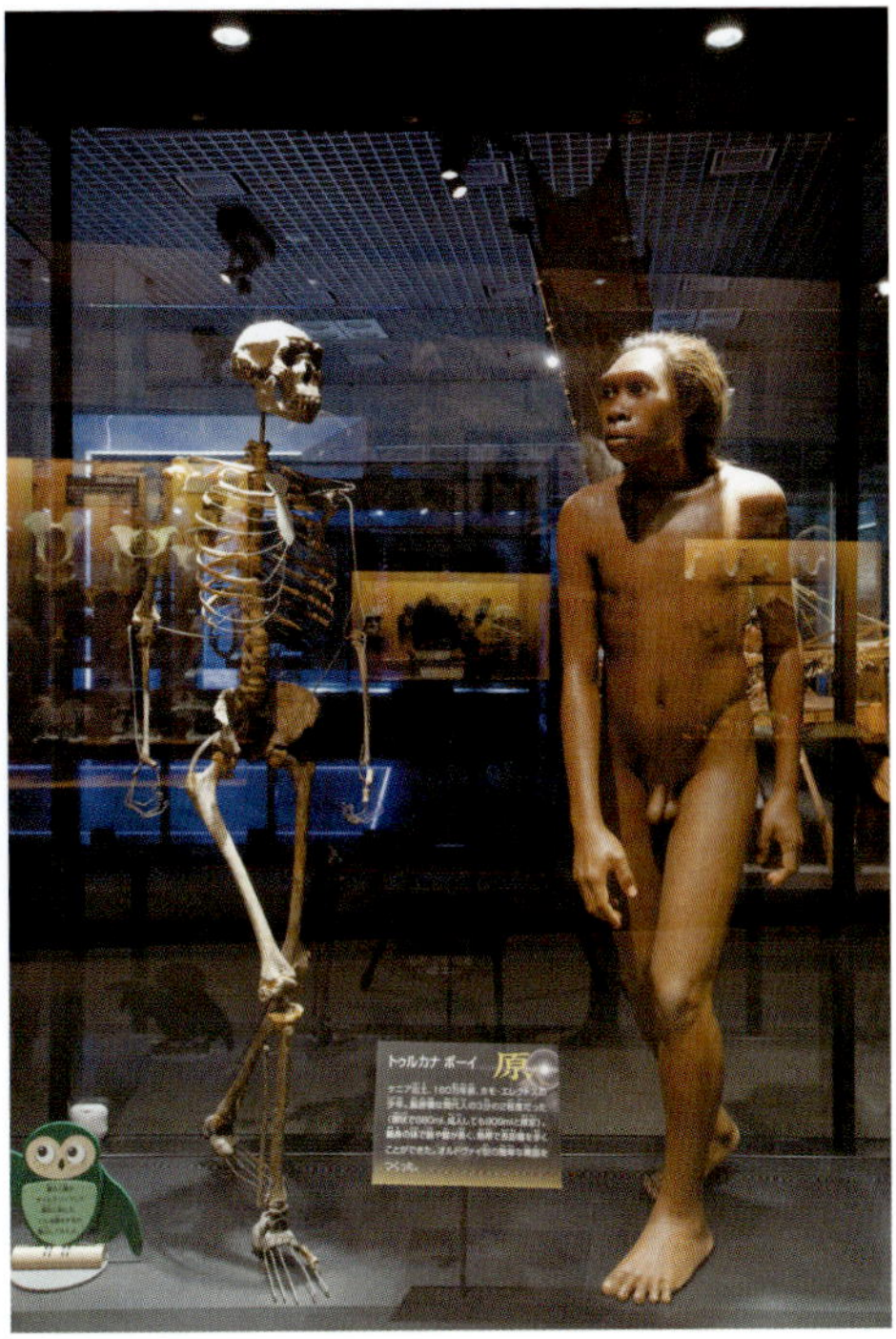

Australopithecines / Homo erectus / Homo neanderthalensis

猿人・原人・旧人

の手のような形をしているので、そこは大きく違います。

成毛 ルーシーの隣はトゥルカナボーイという名の原人ですね。

海部 11、12才くらいの少年です。脳のサイズは猿人の倍くらいあります。

成毛 ヒトほど脳の大きな動物もいないですよね。

海部 絶対値でいえばクジラやゾウのほうが大きいですが、体重比でいえばそうですね。少し脳の話をしますと、猿人は、脳を拡大させて歯を小さくしたグループと、脳を小さくして歯を巨大化させたグループに分かれました。後者は、食べ物に応じて歯を発達させたのです。

成毛 そして隣はネアンデルタール人。旧人ですね。3体を比べると進化がよくわかります。

フローレス原人

Homo floresiensis

フローレス原人と動物たち

後ろの動物も実物大。テレビ番組の企画で再現したCGのイラストが元ですが、この配置にはとても苦労しました 海

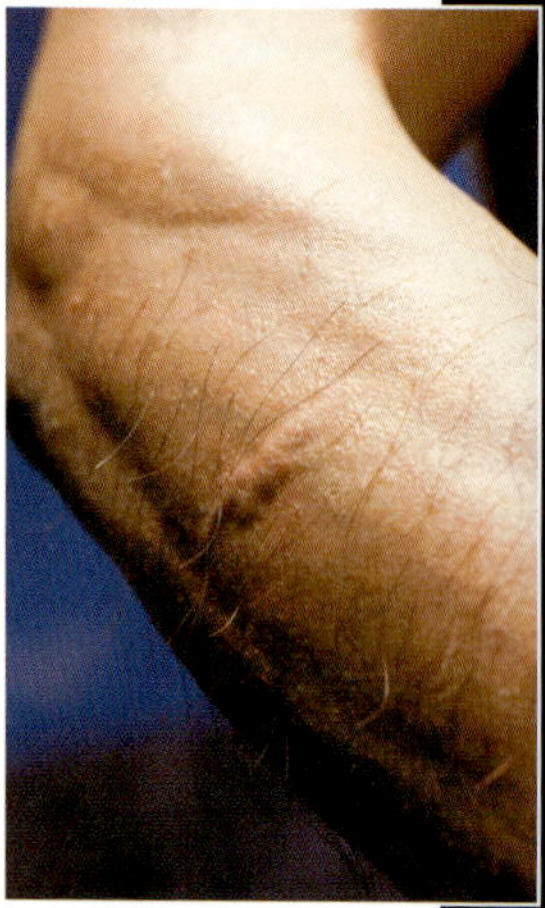

腕の傷

この時代の暮らしをイメージして、わざと傷やケガの痕をつけています 海

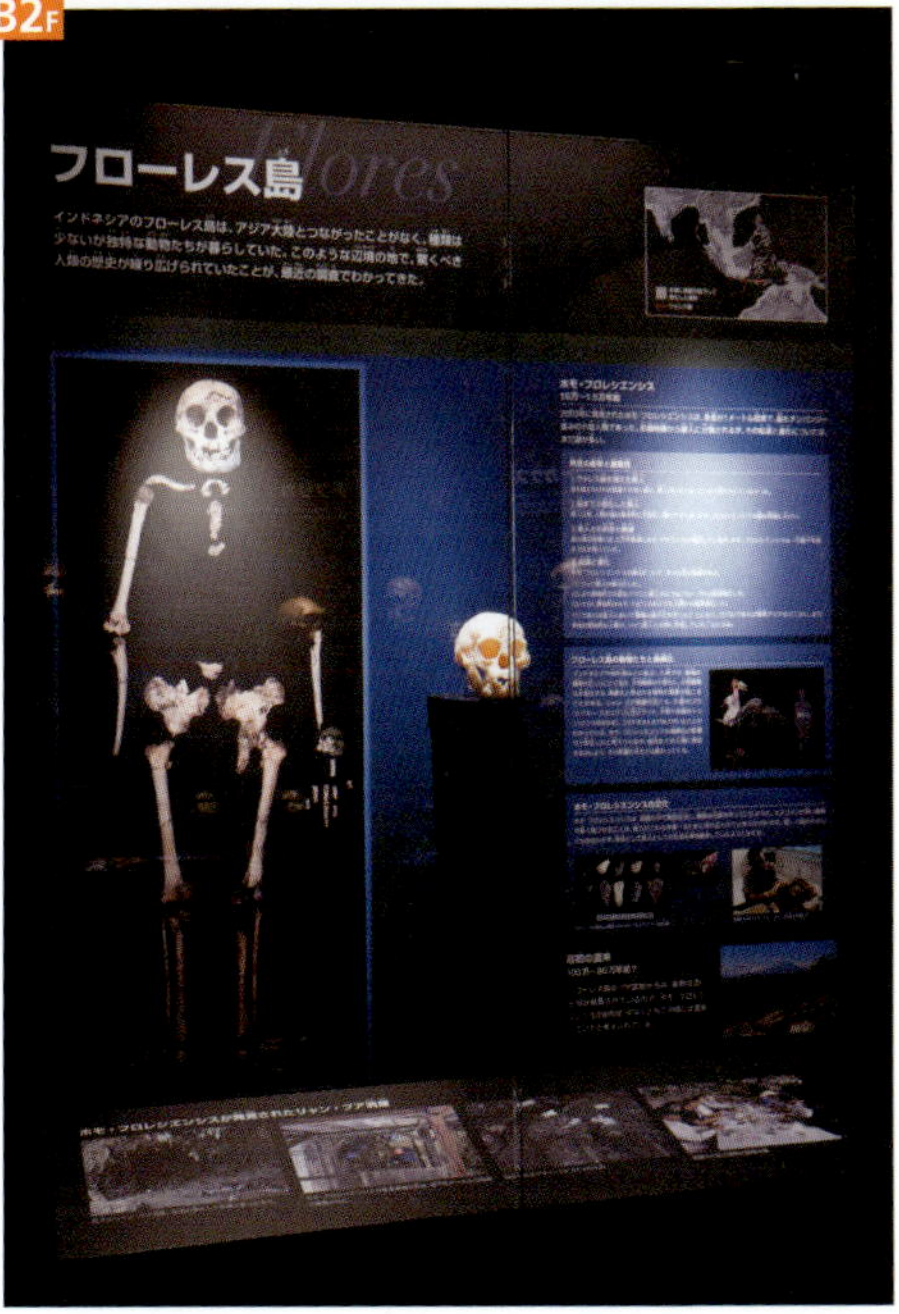

リャン・ブア１号

右ページのフローレス原人の復元モデルとなった骨格標本がこちら。脚が短いのも特徴です　海

小さなヒト、大きな鳥

海部　フローレス原人は何らかの理由で小型化してしまった原人です。小さいので子どものように見えますが、第三大臼歯《だいさんだいきゅうし》が揃っているので大人です。

成毛　歯でいろいろなことがわかるんですね。

海部　この原人も実物大ですが、後ろにいる動物も実物大です。

成毛　サイズ感が狂うなあ。

海部　ステゴドンというゾウの仲間は今のウシくらいの大きさです。一番後ろにいる鳥はハゲコウといいますが、ヒトよりずっと大きい。足元のコモドオオトカゲも大きいですが、これはもっと大きくなります。

成毛　これは全部、同じ時代にいたんですか？

海部　リャン・ブアという洞窟《どうくつ》からセットで見つかっています。大きくなったり小さくなったりは、島嶼効果《とうしょこうか》といって孤立した島でよく起こるのですが、驚いたことにヒトまでそこに巻き込まれてしまいました。腕が長くて猿人のようだからと別の説を採る人もいますが、僕は劇的な矮小化《わいしょうか》を遂げたと思っています。

成毛　よく見ると、腕や足にケガをしていますね。

海部　見つかった個体の特徴をなるべく忠実に再現しています。右足の小指が欠けているのも、そこの骨がないからです。

成毛　細かいですねえ。

海部　髪も、現代人のようにきっちりとカットもセットもしていません。爪の先もギザギザにしてわざと汚くしています。

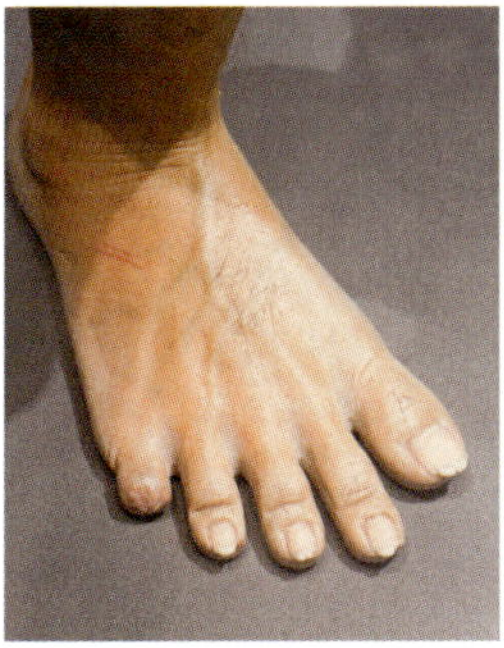

欠損した足の小指

右足の小指が欠損しているのは、骨格標本の特徴からの解釈です　海

白鳥の骨製フルート

世界最古の楽器からはどんな音色がしたんでしょうね。楽器の歴史にも興味が湧いてきます　㊊

ラスコー壁画

歴史の教科書にも載っているラスコーの壁画。この流れで見ると、見え方が違います　㊊

技術とお洒落の歴史

海部　猿人・原人・旧人を経て、人類はようやく世界に拡散していきます。その起源としてまずアフリカから、サピエンス化の様子を見ていきましょう。

成毛　この時代にはすでに貝のビーズが存在したんですね。

海部　世界最古のアクセサリーです（149ページ参照）。デザインやお洒落の概念が、まずここで誕生したと考えられます。

成毛　そしてこちらは、我々もよく知るクロマニョン人。

海部　クロマニョン人は、ヨーロッパに4万6000年くらい前に現れました。ラスコー洞窟に有名な壁画がありますが、スペインからフランスにかけてクロマニョン人が残した壁画がた

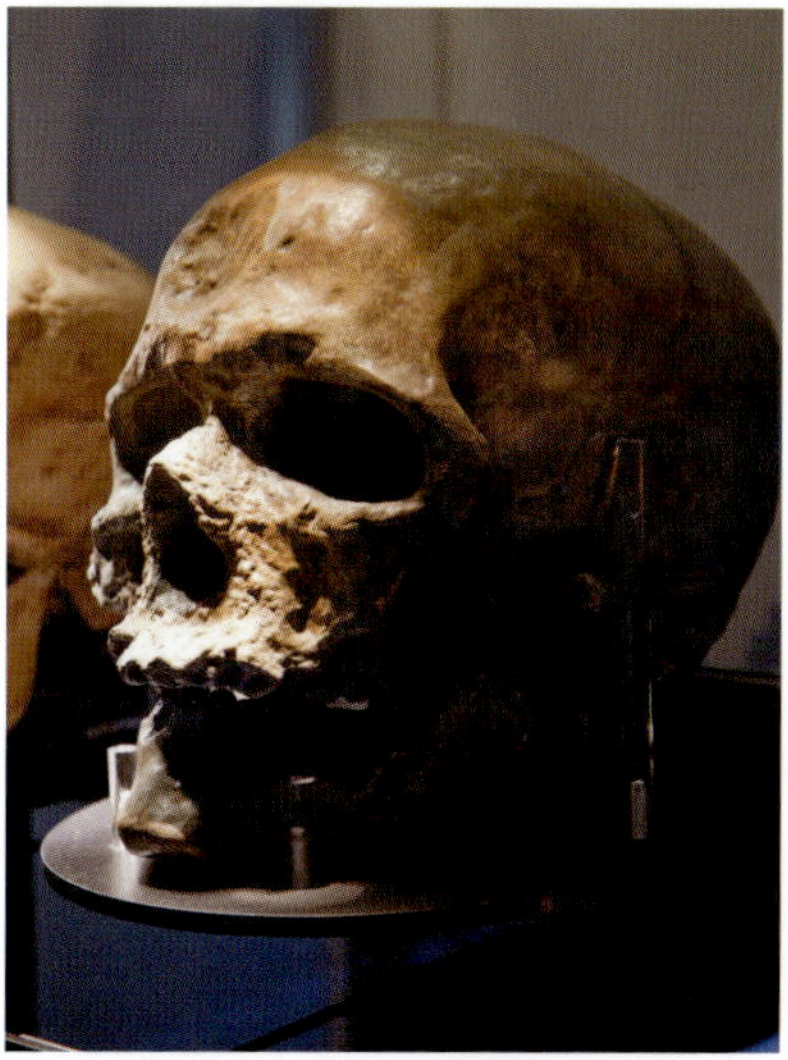

クロマニョン人の頭骨

我々と同じホモ・サピエンスに属する人類です。文化的な暮らしをしていたようです　成

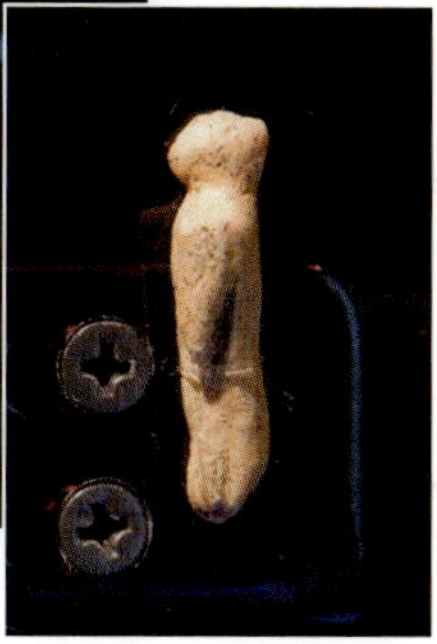

ライオン人間とミニライオン人間

クロマニョン人の遺跡からは、象牙などで作られた人形が見つかります。これは有名な《ライオン人間》の彫刻です　海

Cro-Magnon

クロマニョン人

くさん見つかっています。また、遺跡からは楽器や彫像が出てきます。芸術的なものが急激に増えたのがこの時代です。

成毛　アジアや太平洋にまでやってくるのはこの後ですね。

海部　オセアニアへの拡散は数千年前。クック船長ことジェームズ・クックは18世紀に太平洋航海をしますが、そのときにはすでに、どの島にも人がいた状態でした。動物は海を渡るとき、泳ぐか飛ぶかしかできませんが、人類は船を発明し、そして海を渡ったのです。

成毛　技術で課題を解決したんですね。そうやってクック船長よりも先に、島にたどり着いていた人たちがいた。

海部　そのことに、クック船長は驚きました。

Voyage of the canoe

航海船

カヌー上の家畜と食用植物

船で行った先の島で飼う家畜と、栽培する植物の苗も運んでいます。細かい！ 成

古代のタトゥー

タトゥーはもともとはタヒチ語。アジア・太平洋地域からヨーロッパへ伝わった文化です 海

農耕民の航海

成毛　展示されているこの船は、クック船長よりも前に海を渡った人たちのものですよね。

海部　これはポリネシアの古代カヌーを再現したものです。地図もコンパスもない時代に、彼らはこのような船を作って航海に出ました。ただ、船の上を見ると、タロイモやヤムイモの苗があり、籠《かご》の中には鶏がいます。つまり食物を栽培し、家畜を育てている。彼らはすでに農耕民《のうこうみん》だったわけです。

成毛　これは何年前ですか？

海部　1000年前くらいです。太平洋沖へは3500〜1000年前くらいまでに広がりますが、そういう意味では拡散の最終段階。世界の大陸はまず狩猟採集《しゅりょうさいしゅう》

ポリネシアの航海カヌー

ポリネシアの人々は数千年前から太平洋のど真ん中まで船で訪れていました。2艘のカヌーを並べたような格好で安定感を出したこの船は、実物の3分の1のサイズです 海

民《みん》が進出して暮らすようになりますが、さらに後の時代になり、人々は島へ渡りました。

成毛 あ、犬もいますね。

海部 東南アジアからポリネシアに広がった家畜は、鶏と犬、あとここにはいませんが豚です。

成毛 よく見ると、この男の人はタトゥーを入れていますね。

海部 タトゥーは東南アジアの文化です。

成毛 模様には意味があるのでしょうか。

海部 ルールはあったようです。女性はほとんど入れていませんし、子どももしていません。

成毛 この度、海部先生が率いて行ったのが3万年前の航海を再現するプロジェクトですよね（210ページ参照）。ここにつながっていくわけですね。

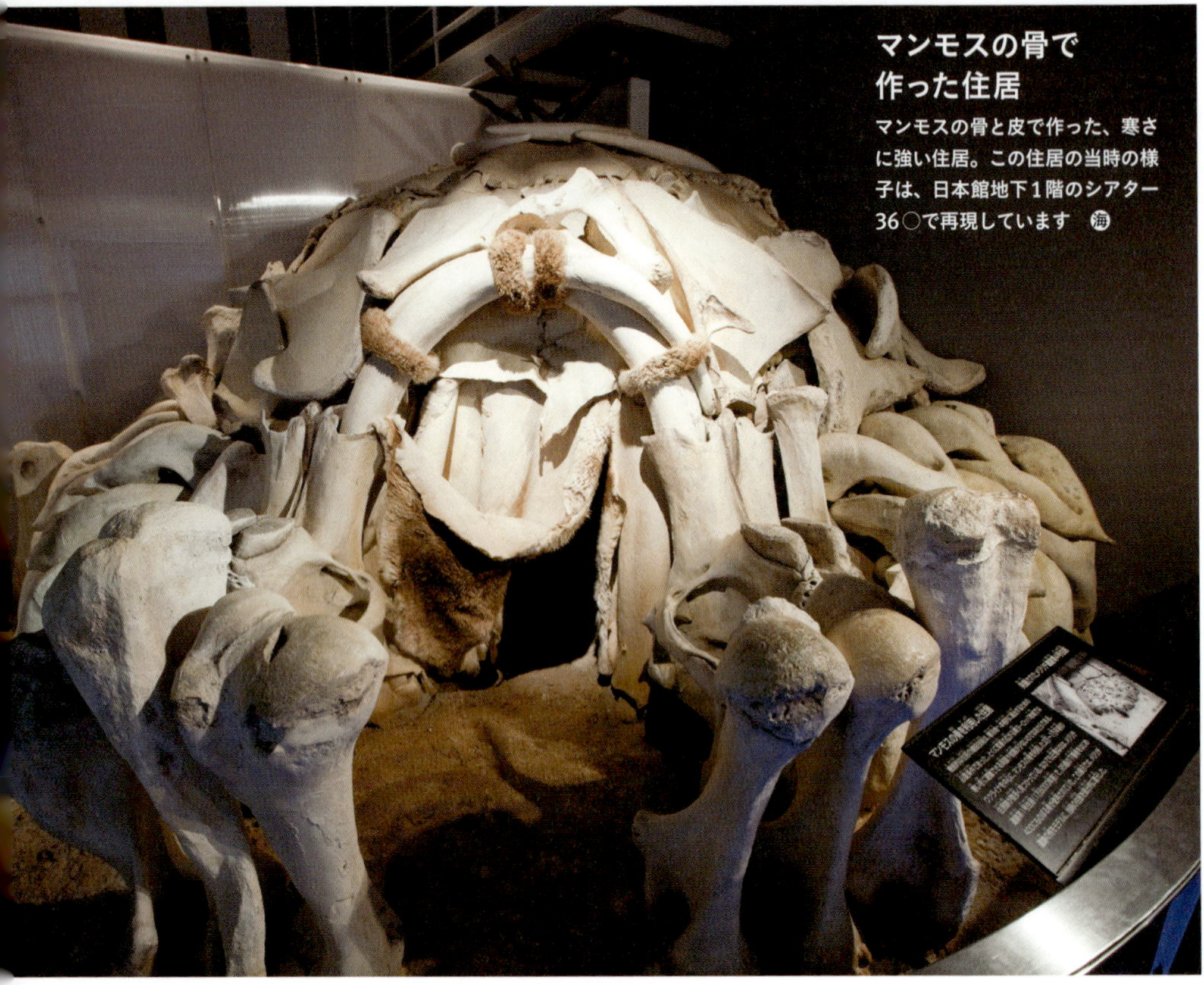

マンモスの骨で作った住居

マンモスの骨と皮で作った、寒さに強い住居。この住居の当時の様子は、日本館地下１階のシアター36○で再現しています　海

Into Northern Eurasia

酷寒の地への進出

家も装飾もマンモスで

成毛　暑そうな世界から、一転して今度は寒そうです。

海部　ウクライナで見つかった住居を復元したものです。

成毛　これ、パーツはマンモスの骨ですか。

海部　そうです。骨のレプリカは約４００ピース使っています。実際にウクライナで発掘した研究者に監修してもらいました。

成毛　でも、なぜわざわざ寒いところに住み着いたんでしょう。

海部　冬はマイナス30度以下になりますが、夏はベリー類などに恵まれた土地だったようです。ただ、他の動物は、寒い地域に適応するまでにとても時間がかかりますよね。人類は技術で解決できるので、とても短時間で

フードをかぶった女性像

衣服は残らなくても、こういった形で何を着ていたかがわかるんですね 成

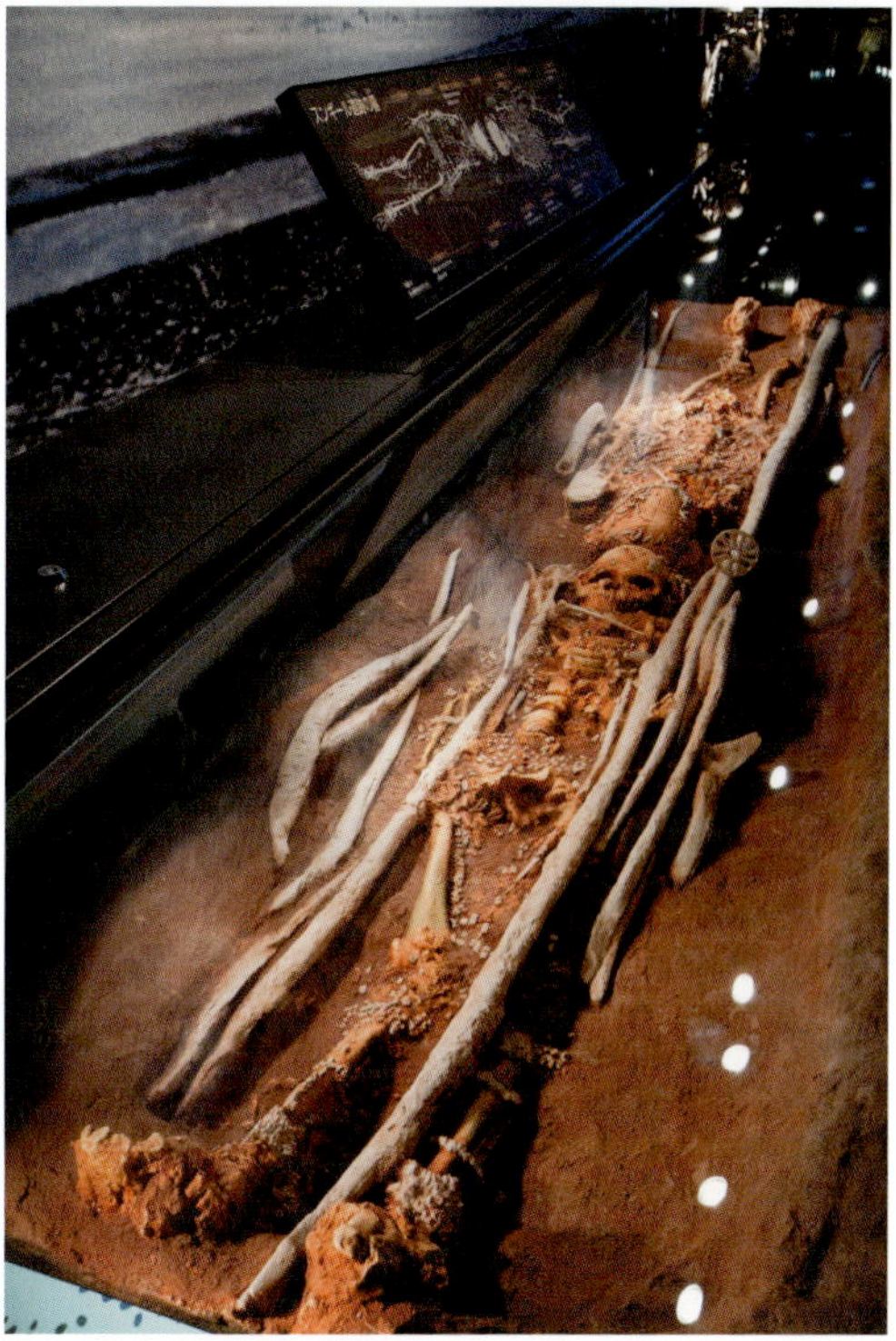

スンギール遺跡の墓

子どもの遺体が2体埋葬されている両脇には、まっすぐに伸ばされたマンモスの牙。どうやって伸ばしたのかには諸説あります 海

ビーズで飾られた頭部

ビーズは彼らの衣服や帽子、ブーツに縫いつけてあったと考えられています 海

世界に拡散できたのです。

成毛　船を作って海を渡ったのと同じですね。

海部　もう一つ見ていただきたいのは、ロシアのスンギールという遺跡から出てきたお墓です。小さなつぶつぶがたくさんあるのが見えるでしょう。

成毛　穴が開いていますね。

海部　マンモスの牙で作ったビーズです。しかも、規則的にまとまっているので、ばら撒いたわけではなく衣服に縫いつけてあったと考えられます。

成毛　これはいつの時代ですか。

海部　3万5000年前ですね。

成毛　その頃から、寒さ対策だけでなくお洒落を楽しんでいたとは驚きますね。現代人でも、彼らの足元に及ばない人がたくさんいそうです。

Into the Americas

アメリカへ

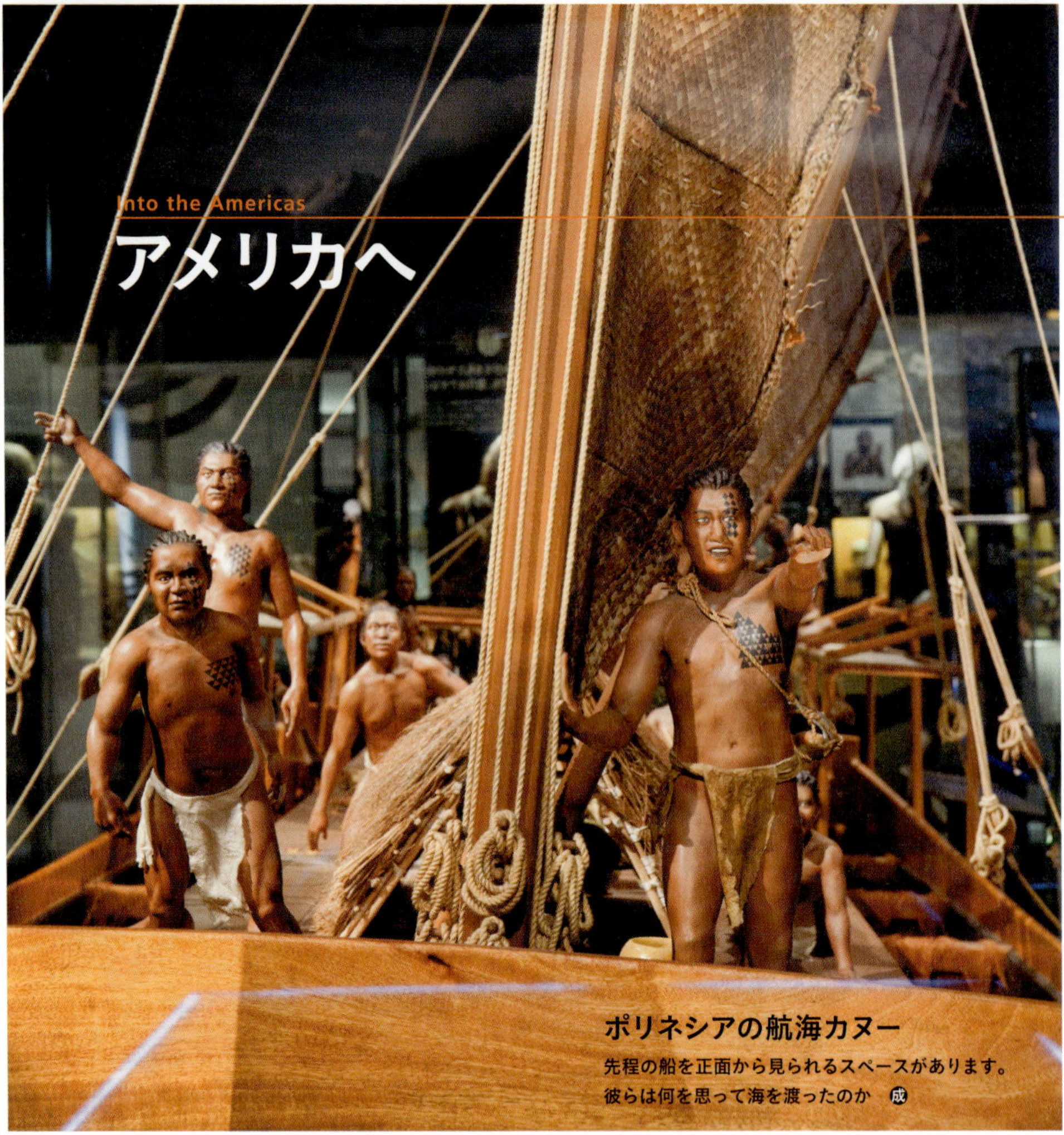

ポリネシアの航海カヌー

先程の船を正面から見られるスペースがあります。彼らは何を思って海を渡ったのか　成

人はどこを目指すのか

成毛　先程の古代カヌーの正面が、ここで見られるんですね。

海部　彼らはアメリカにも来ていたという証拠が残っています。ここで一つ質問ですが、アメリカ大陸を最初に発見した人は？

成毛　コロンブス……ですか？

海部　そう教わったと思いますが、でも、クック船長より先にオセアニアには人が渡っていたし、アメリカも同様です。

成毛　確かに。指摘されると変な話だなと気がつきます。

海部　人類はアフリカから拡がり、それぞれの地で独特の文化を発展させました。どちらが優れている、劣っているという話ではなく、多様だということを感じてもらえればと思います。

ここにも注目！

{ Check 1 }

フットステップ

床にある地図を見ると、いつの時代のどこの展示を見ているのかがすぐにわかる。アフリカからスタートした祖先の足跡を足元で確かめていこう。

{ Check 3 }

最古のアクセサリー

世界最古のアクセサリー。アクセサリーをつける生き物は人類だけだが、その起源がここにある。ちなみに世界最古といえるのは、今のところこれ以上古いものが見つかっていないからだ。

{ Check 2 }

骨製の縫い針

裁縫技術があったことを証明する縫い針。147ページの像の女性が着ていたフードつきの服なども、こういった針で縫われていたに違いない。

宇宙と物質の関係

宇宙を知ることと粒子を知ることは実は同じこと。生命の起源を探究する旅には、科学の船が欠かせない。その船を作るのは我々人間。その歴史を振り返る。

ワイシャツにスラックス。皆さんの性格が表れているような

B3F

地球館
Global Gallery

実演してもらうとつい夢中になってしまう

じっくりと懇切丁寧な説明に聞き入る

案内人

洞口俊博
理工学研究部
研究主幹
→P162

有賀暢迪
理工学研究部
研究員
→P172 →P154

若林文高
理工学研究部長
→P167 →P154

学校の教科にたとえるなら、科博の他のフロアは生物や地学。対照的にこの地下3階は物理と化学だ。難しいという扱いをされることも多い学問分野だが、科博を探検してみると身近に感じられる。

　ボクは以前、スイスとフランスの国境にある、CERN《セルン》の愛称で知られる研究機関に見学に行ったことがある。正式名称は欧州原子核研究機構で、CERNといえば、LHCだ。LHCとは大型ハドロンコライダー、簡単にいえば加速器《かそくき》と呼ばれる実験装置のうち、さらに大型のものだ。どれくらい大型かというと、山手線一周よりも少し小さいくらい。全長27キロにも及ぶリングを地下100メートルのところに設置して、そこで陽子《ようし》を加速させ、正面衝突させる。すると、そうしないと観測できない粒子が飛び出してくる。

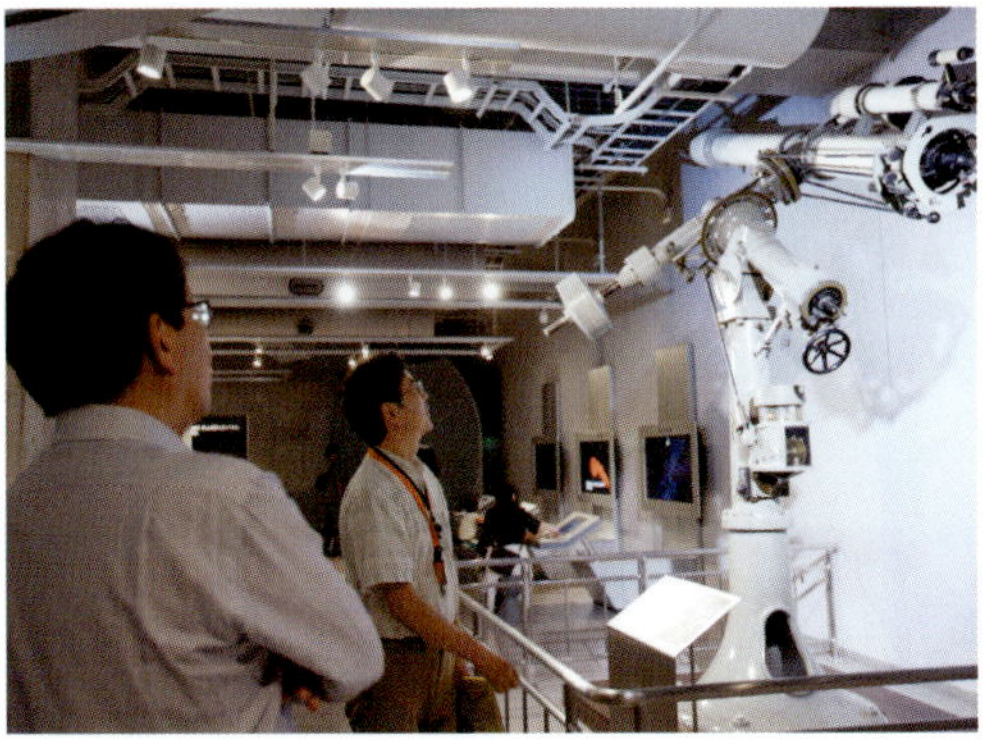

　CERNはそうやって実験を重ねてヒッグス粒子の存在を突き止め、その結果、ヒッグス粒子の存在を予言していたフランソワ・アングレールとピーター・ヒッグスという二人の科学者が、2013年のノーベル物理学賞を受賞した。科学、とりわけ物理と化学の世界は仮説と検証の繰り返しだとそのとき実感した。とても小さな世界を知るには、とても大きな装置が必要だということも、CERNでしみじみと感じた。

　地球館の最深部、ここ地下3階で、日本人科学者に関する展示を見て、日本の加速器の歴史に触れ、宇宙と物質の関係性について考えていると、そのときのことを思い出した。やはりサイエンスは面白いのだ。

　それから、今後はますます秋のニュースが楽しみになるなとも思った。もちろん、ノーベル賞の話だ。この原稿の執筆中にも受賞者が一人増えた。一般にはまだまだ理解が浅い「オートファジー」について、科博が今後どういう展示を見せてくれるのかも併せて、実に楽しみである。

B3F

地球館
Global Gallery

Re New

Japanese Scientists

日本の科学者

当たり前のように起きていることは、なぜ起きるのか。それを探るのが科学者だ

日本には、教科書に載っている人もいない人も含めて、
偉大な科学者がたくさんいたし、今もいる。
ここではその人たちの息づかいを感じられる。

Japanese Nobel Prize Laureates
in physics, chemistry, and physiology or medicine

自然科学系ノーベル賞受賞者

パネルによる科学者たちの紹介と関連資料

ノーベル賞受賞者ってこんなにいたのか！と改めて感じる展示です　成

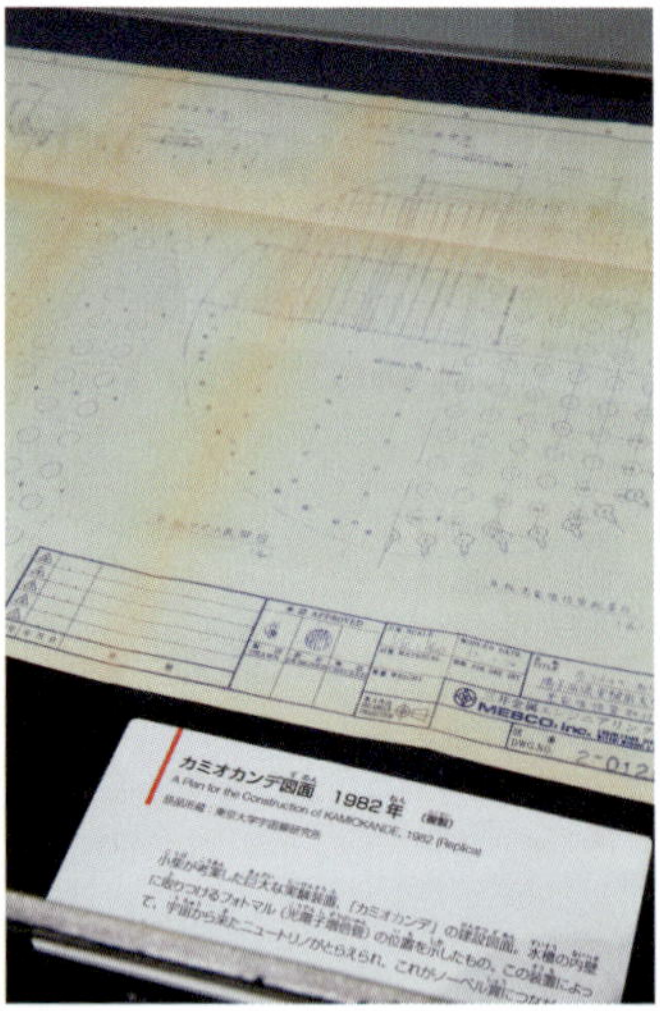

カミオカンデの初代の図面

岐阜県にある神岡鉱山の地下深くにあった観測装置はこうやって設計されていたんですね　成

今年も要改修？

若林　ここはノーベル賞受賞者を中心に、日本の科学者を紹介するコーナーで、２０１５年の夏に改修したばかりなのですが、実はさっそく困っています。

成毛　どうしたんですか。

若林　３年ほどかけて準備したのですが、その間にノーベル賞受賞者が増えてしまいまして、スペースが足りなくなってきているのです。

成毛　それは嬉しい悲鳴ですね。確かに、２０１５年に生理学・医学賞を受賞した大村智《おおむらさとし》さん、物理学賞を受賞した梶田隆章《かじたたかあき》さんのコーナーもあります。

有賀　梶田先生は２００２年に物理学賞を受賞された小柴昌俊《こしばまさとし》先生のお弟子さんにあたるので、

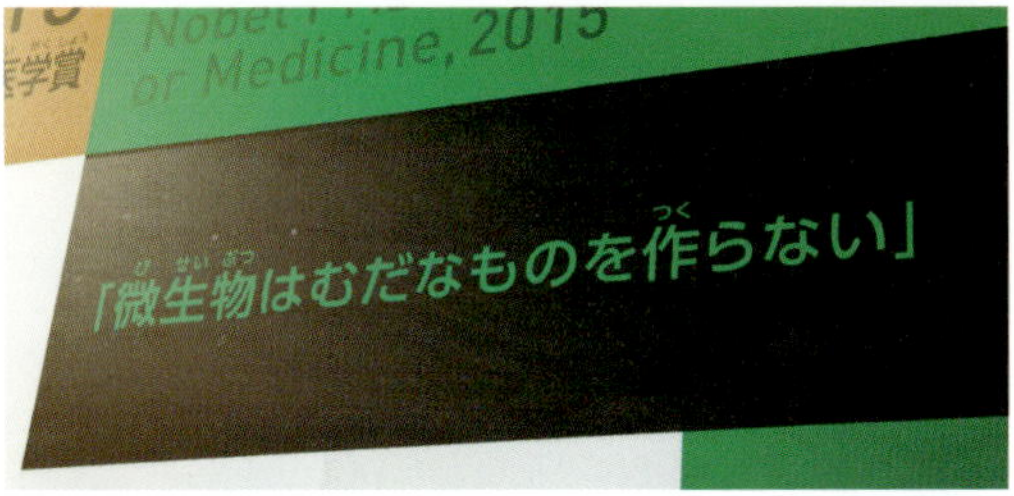

科学者たちの印象的な言葉

インタビュー集などから「この方に最もふさわしいのでは」と思えるものを選びました。ちなみにこれは大村智先生の言葉です　(有)

協力：名城大学

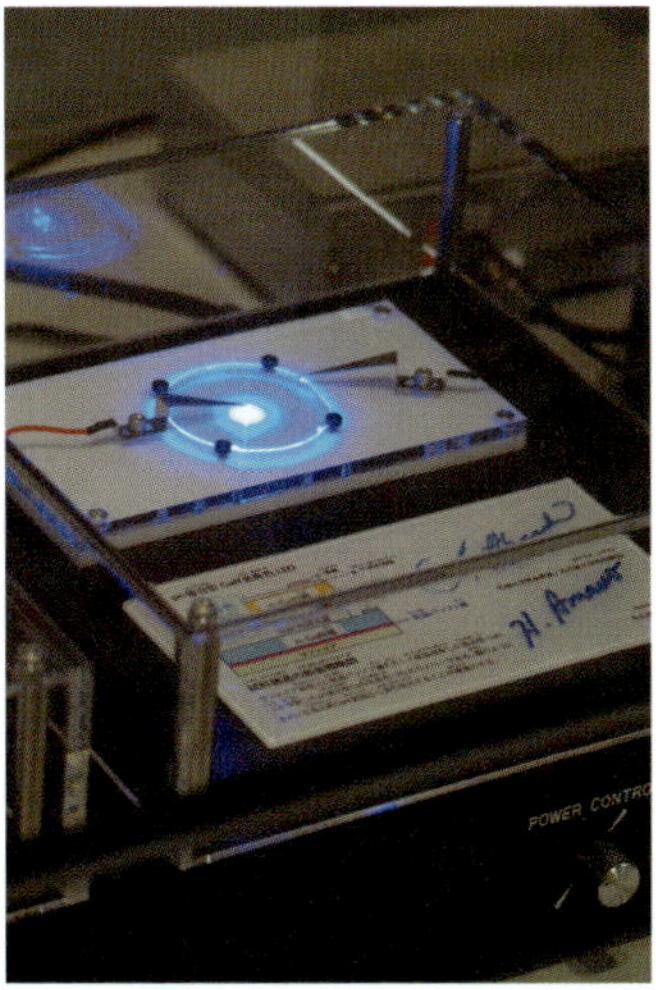

pn接合型 GaN系青色LEDウェハー

赤﨑勇（あかさき・いさむ）先生がノーベル博物館に寄贈されたものと同じものを作っていただきました　(有)

隣に並べました。

成毛　なるほど。そういった気遣いも含めて2016年以降も楽しみですが、それにしても全体的になかなか渋い展示ですね。

文学館的博物館

有賀　博物館や科学館というより、文学館のイメージに近いかなと思っています。

成毛　そうですよね。科学者の名言が大きく展示されていたり、手紙やノートもたくさん並んでいます。これらは複製ですか？

有賀　はい。実物は大切に保管しています。

成毛　個人の所有物である手紙やノートはどうやって集めるのでしょうか。

有賀　ぜひとも寄贈していただ

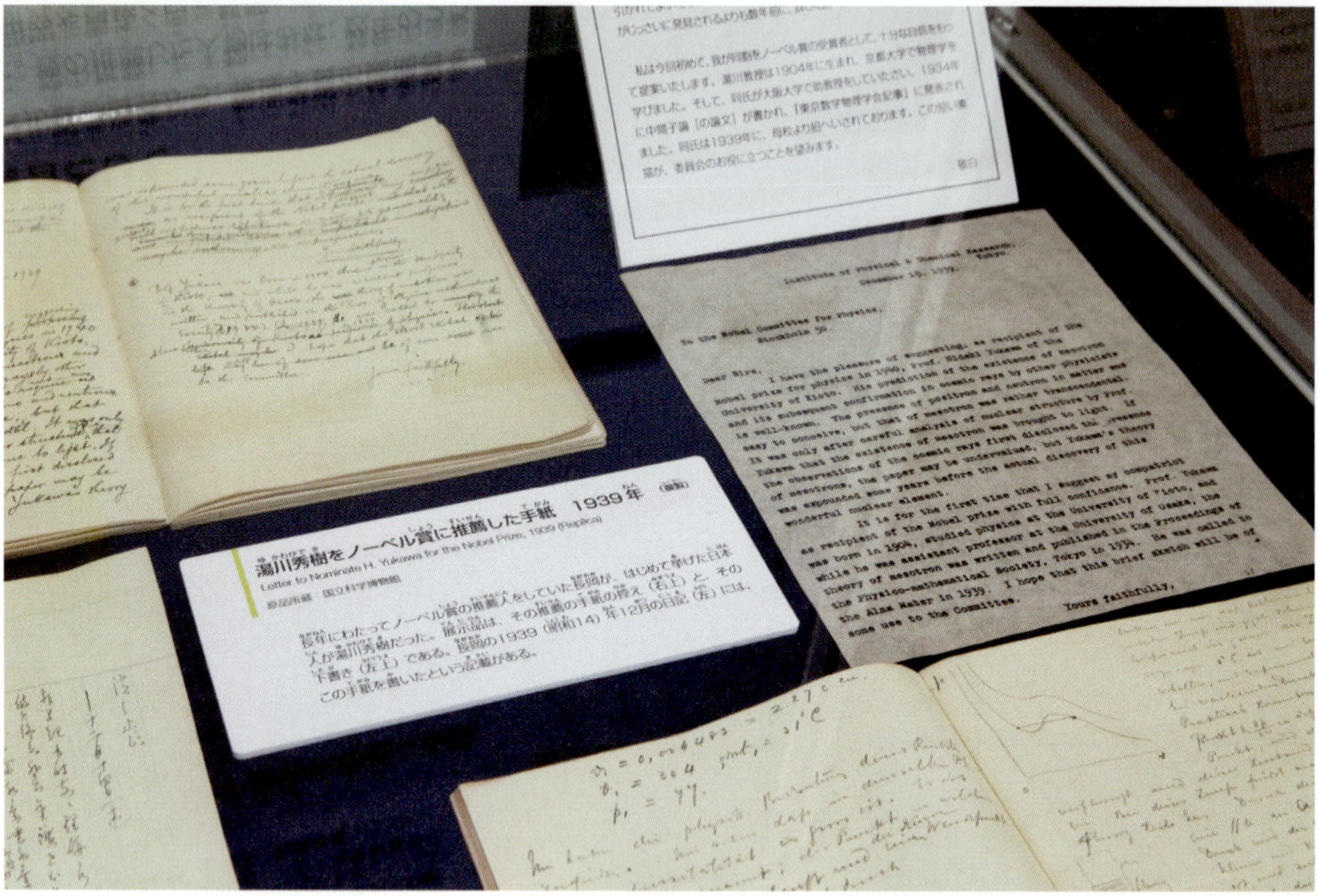

長岡半太郎が湯川秀樹をノーベル賞に推薦した手紙

科博が保管する数千点の長岡半太郎（ながおか・はんたろう）の資料からこの推薦状を選んで展示しました　有

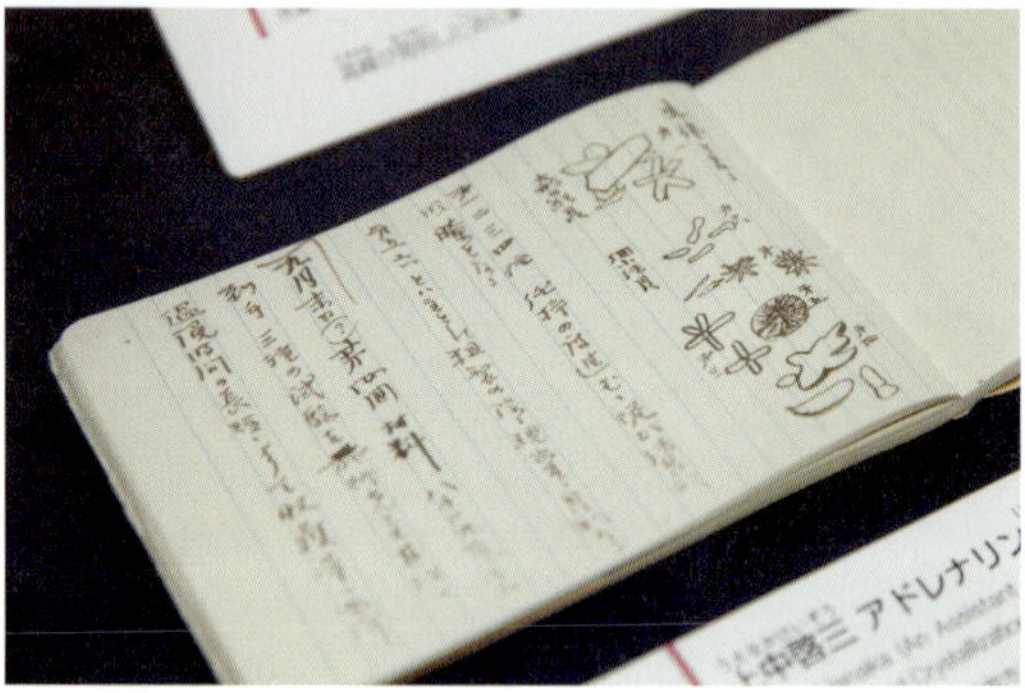

上中啓三 アドレナリン実験ノート

高峰譲吉の助手の上中啓三の実験ノートです。緻密に描かれています　若

きたいですね。責任を持って伝えていきますので。

成毛　科博に預ければ安心ですし、これからノーベル賞を受賞される方はぜひ、科博にご一報を。見るほうも、ただ経歴を紹介されるより、ものと一緒に見ることでより興味が持てます。

若林　このフロアではノーベル賞受賞者以外にも偉大な科学者を紹介していますので、ゆかりの道具やノートなどをじっくり見ていただきたいです。

ノートはどれも緻密

成毛　しかし、どのノートも緻密に書かれていますね。いい加減な実験ノートなどないのだとよくわかります。これはアドレナリンの実験ノートですか。

日本の科学を築いた人たち

Japanese Builders of Science

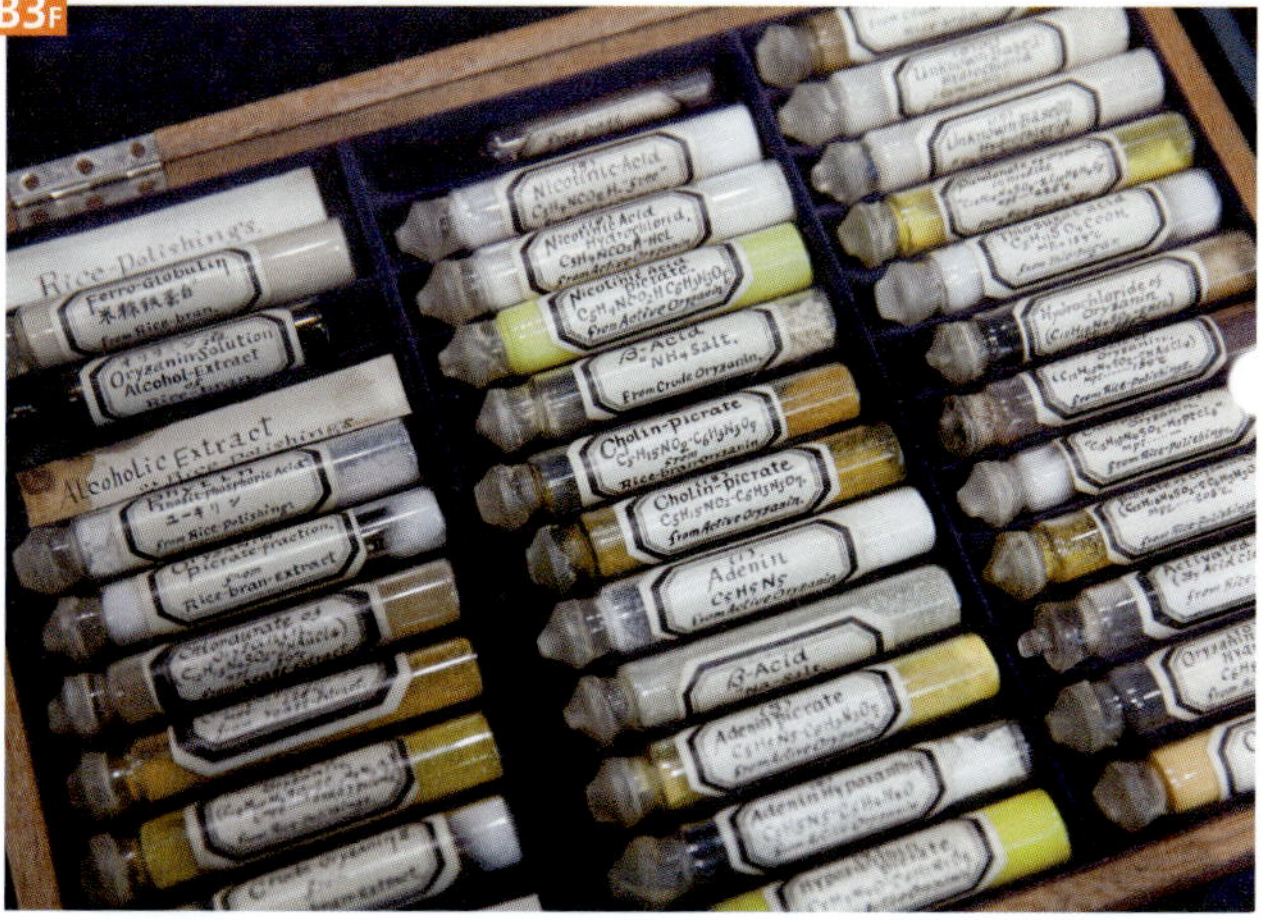

標本「米糠の成分」

世界で初めて「ビタミン」の概念を提唱した鈴木梅太郎（すずき・うめたろう）の研究室で米糠から分離された成分標本です。オリザニン（現在のビタミンB_1）もあります　若

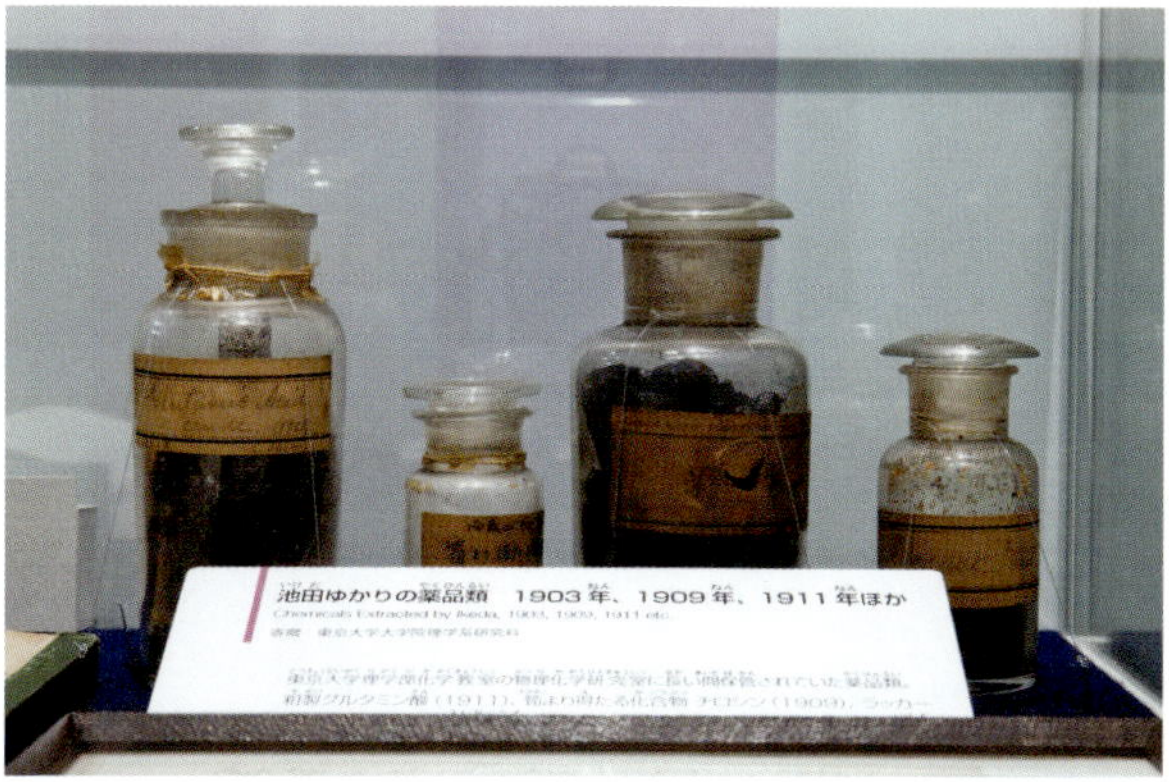

池田菊苗ゆかりの薬品類

池田菊苗は、うま味調味料の祖といっていい研究者。しっかり残っているんですね　成

若林　ここは高峰《たかみね》譲吉《じょうきち》のコーナーですが、これは実際に実験をした助手の上中啓三《うえなかけいぞう》が書いたもので、実物は彼の郷里である兵庫県西宮市のお寺に保管されています。門外不出だったのですが、科博で高峰譲吉展を行ったときに複製を作りました。

成毛　うま味調味料の池田菊苗《いけだきくなえ》、日本の近代化学の基礎を築いた櫻井錠二《さくらいじょうじ》の名前もありますね。

若林　ノートの他、標本や薬品、実際に使われた実験道具なども展示しています。

成毛　こうして見ると、教科書で学ぶだけとはだいぶ印象が異なります。それにしても、手書きの手紙やノートが多いですね。今後は電子データが多くなるでしょうから、資料集めにも工夫が必要になっていきますね。

ここにも注目!

2008年にノーベル化学賞を受賞した下村脩（しもむら・おさむ）の専門は、生物発光の発光メカニズムの解明。これは、オワンクラゲの採集も自身で行っていた下村先生が実際に使っていた網だ。飛行機に乗せられないのでアメリカから宅配便で送ったという貴重な1本。これで10万匹も捕まえたという。

Check 1 オワンクラゲの採集に使用した網

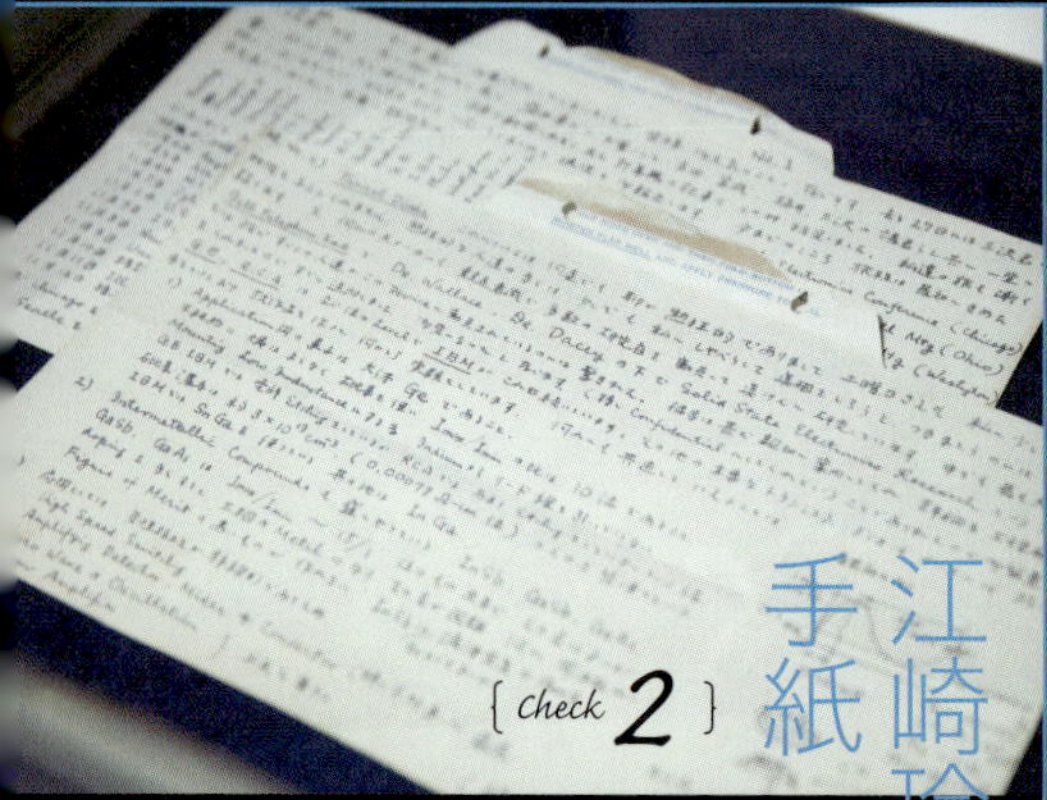

Check 2 江崎玲於奈の手紙

エサキダイオードの発見によってノーベル物理学賞を受賞した江崎玲於奈（えさき・れおな）による書簡が残されている。今はメールやSNSが盛んなので、こういった形でのやり取りはもう残らなくなるかもしれない。

協力：日本女子大学

Check 3 割烹着姿で実験する学生

エフェドリンの発見で知られ、女子の理科教育に力を入れた長井長義（ながい・ながよし）が日本女子大学で実験を指導する様子。割烹着姿で実験をすることは特に珍しいことではなかったことがわかる。科学はいつもこの割烹着のように清廉潔白であってほしいもの。

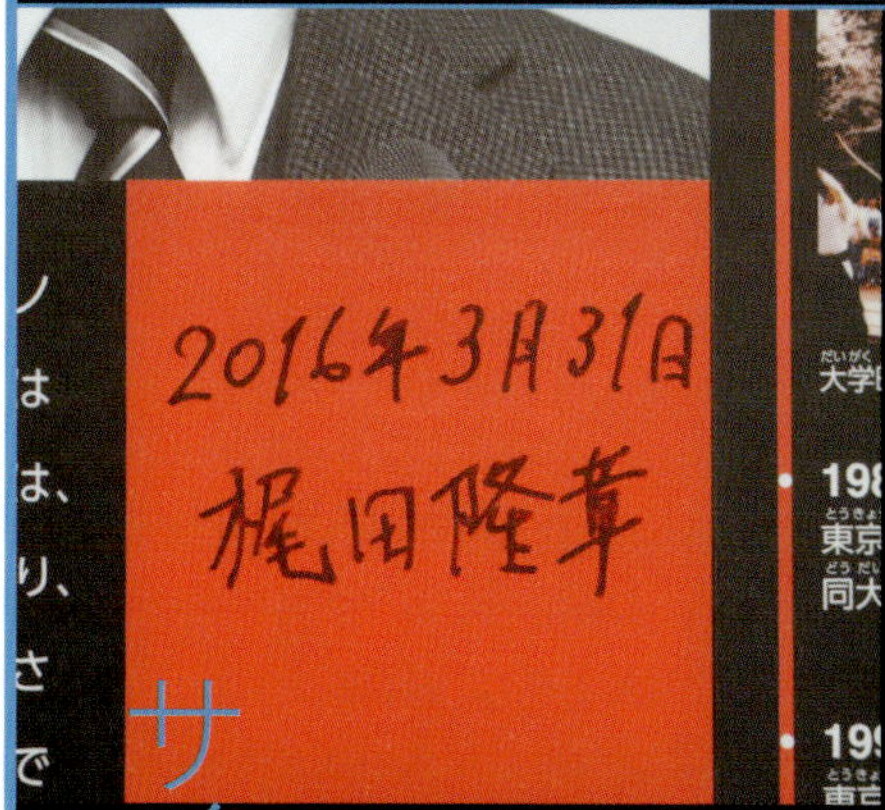

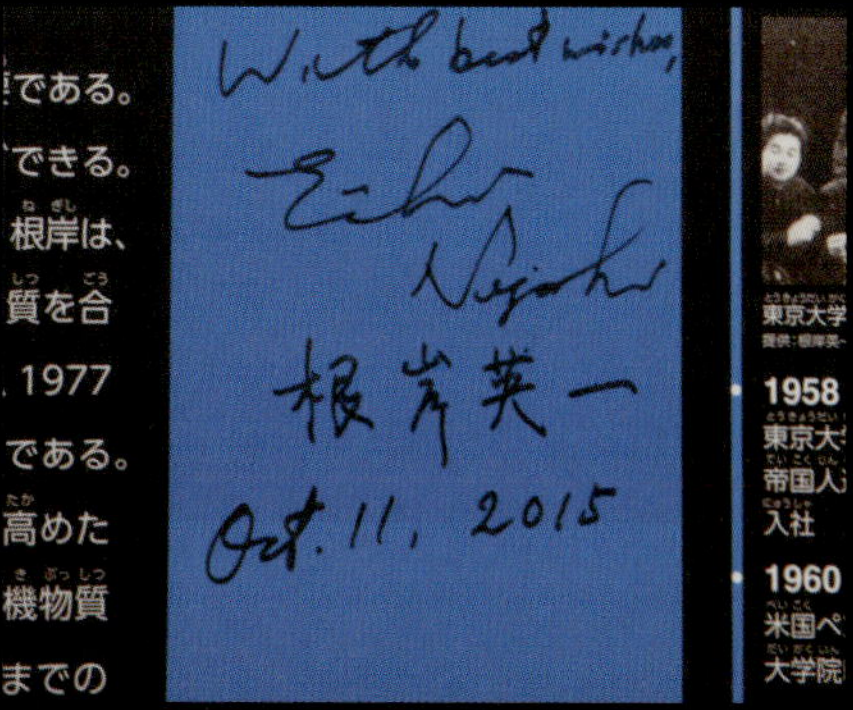

サイン

{ Check 4 }

科博を訪れたノーベル賞受賞者によるサインもある。ノーベル賞受賞者がサインをするといえば、ストックホルムにあるノーベル博物館の椅子の裏が有名だが、そこへ出かけていかなくても、一部の受賞者の肉筆を見ることができる。

ノーベル賞110周年記念展テーマ映像

{ Check 5 }

さりげなく置かれているモニターでは、ノーベル賞受賞者へのインタビュー映像を見ることができる。2011年にノーベル賞110周年記念展を行ったときのものだが、見応えのあるものばかり。ぜひこれを見る時間も確保して訪れてほしい。

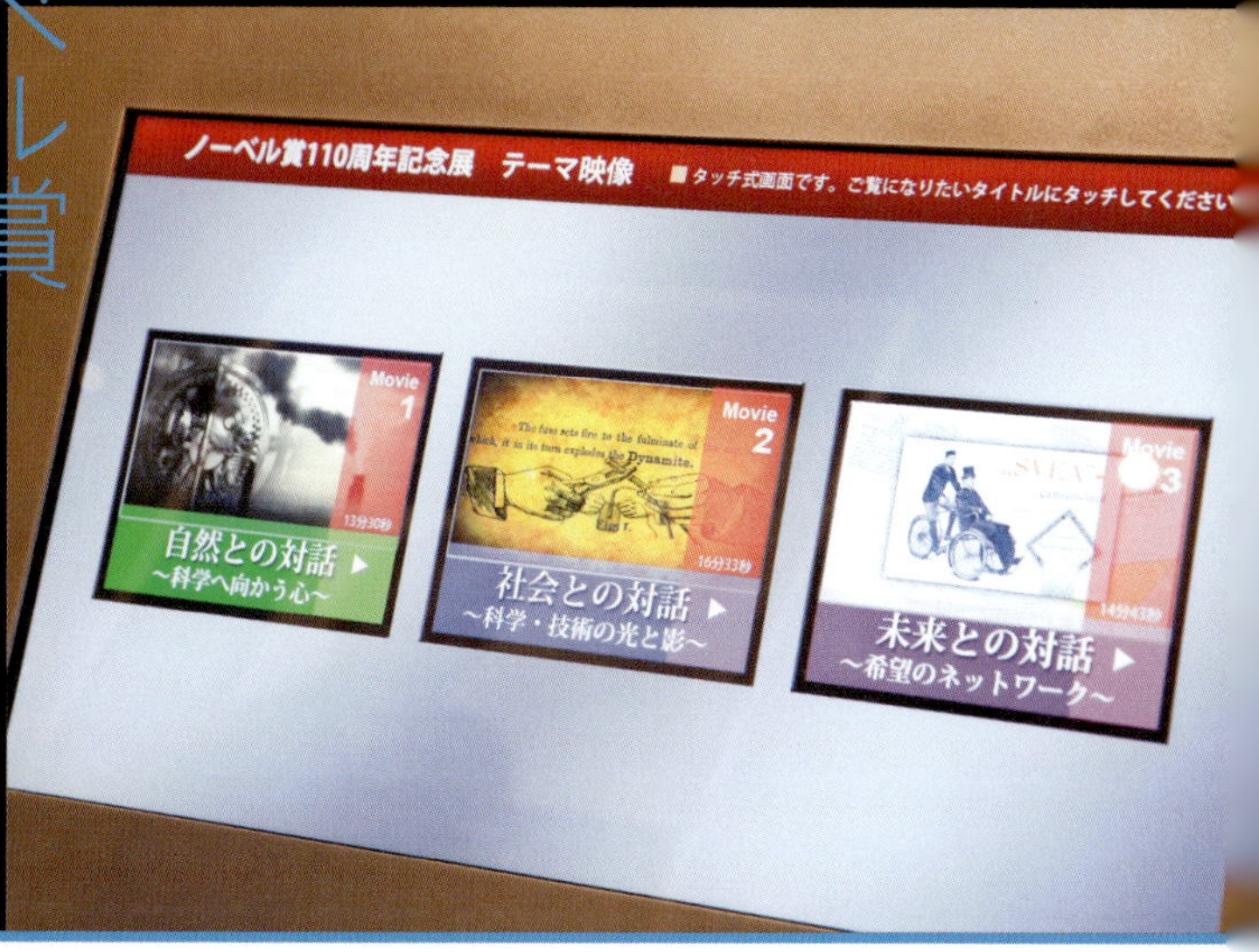

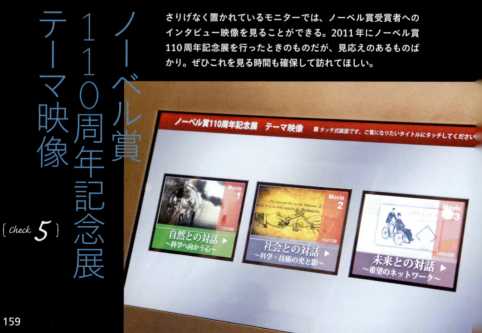

B3F

Exploring the Universe

宇宙を探る

宇宙を楽しんでもらおう
という意気込みが感じら
れる展示群

宇宙を見る。
そのために人は多くの努力を重ねてきた。
動く天体を追いかけて、
遠くの天体まで出かけていった。
その結果として
宇宙をより深く知ることができる。

Telescope

望遠鏡

すばる望遠鏡の主鏡の実物大模型

天井にある輪。これはハワイにあるすばる望遠鏡の主鏡の大きさと同じなんです　洞

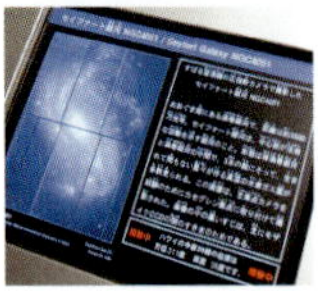

すばる望遠鏡の模型と付設モニター

モニターに表示された銀河名をタッチすると模型がくるっと向きを変えた！驚き！　成

またしても天井に輪

成毛　次は宇宙のコーナーです。

洞口　ここに立ったら、まず上を見てみてください。

成毛　大きな輪っかがありますね。2階では大きな方位磁石を見ましたが、これはさらに大きい。何ですか？

洞口　ハワイにあるすばる望遠鏡の主鏡の大きさを表しています。直径8・2メートルです。さらに、厚みも再現しています。

成毛　大きくて薄いのがよくわかります。その下には、すばる望遠鏡の模型がありますね。

洞口　実はこのモニターがタッチパネルになっていまして、たとえば「セイファート銀河」を選択すると……このようにその方角に動きます。ハワイでは今夜20時にこの方角で観測できるようですね。

成毛　そのようなこともわかるんですね。ということは、リアルタイムのデータに合わせているんですか。

洞口　そうです。

成毛　すごい。なのに、そういうことが一切説明されていないですよね。科博らしいなあ。

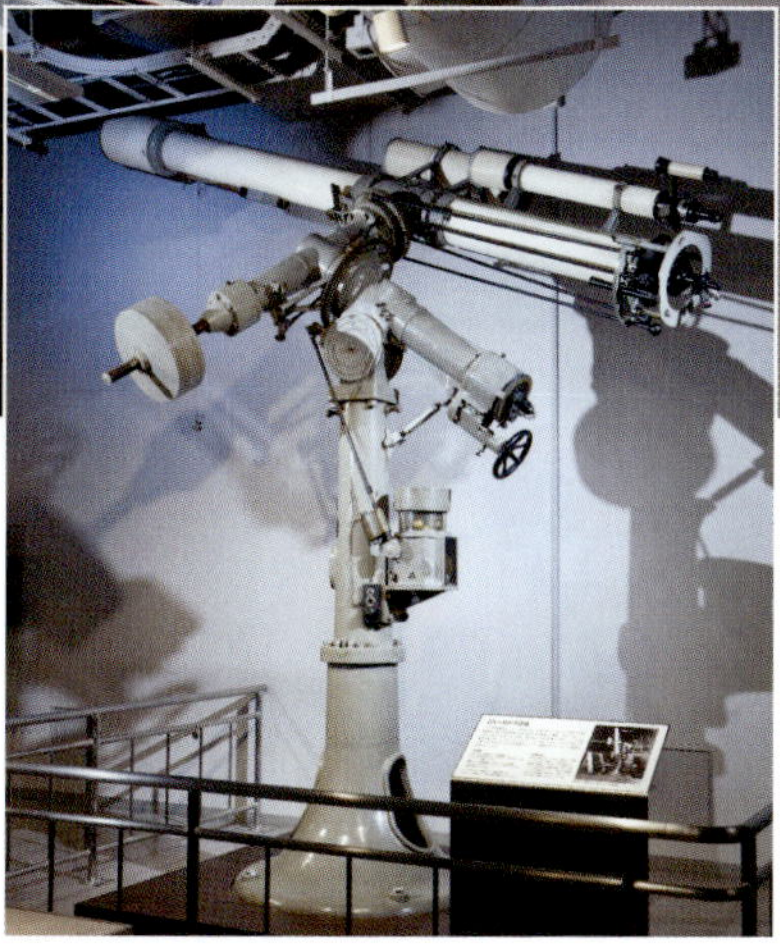

20cm 屈折赤道儀

1931（昭和6）年に科博が上野にできてから10年と少し前まで、屋上で稼働していた赤道儀です　洞

洞口　こちらには2007年に日本館が改装される前まで使っていた赤道儀を展示しています。

成毛　屋上の天文ドームにあったものですね。今はコンピューター制御が当たり前ですが、これは手動ですか。

洞口　はい。上野の空では暗い天体を探すのになかなか苦労しました。

アポロ11号が採集した月の石

1970年大阪万博の日本館で展示された「月の石」が、今はここで見られます 洞

宇宙人はいなくても

成毛　宇宙の展示というのは難しいところもありますね。宇宙人の標本を展示したり無重力体験をしたりというわけにもいきません。

洞口　苦労しているところです。ただ、宇宙人はいませんが、宇宙から持ち帰ってきたものはありますよ。

成毛　あ、これは月の石ですね。

洞口　アポロ11号が持ち帰ってきた頃は貴重でしたから、研究用以外のものは、こうやって樹脂に封入して各国にプレゼントされました。それからこちらは、宇宙から降ってきた隕石。中国で見つかったものです。

成毛　大きいですね。何キロくらいあるんだろう。

南丹隕石

重さはなんと1.7トン！中国に落ちた隕石だそうです 成

2000億の星が集まる私たちの銀河系

赤くなっているところが太陽系。我々のすむ地球は宇宙の真ん中ではありません 洞

Lunar Rock

月の石

洞口 1・7トンです。

成毛 1700キロ！ 白鵬11人分の重さがこんなコンパクトに……すごい密度ですね。降ってきたときの衝撃は凄まじかっただろうなあ。当然、地面に大きな穴が開いたんでしょうね。それにしても、どうやってここに運んできたんだろう。

洞口 そのようにいろいろ想像して楽しんでもらえたら嬉しいです。こちらには火星から来た隕石なども展示しています。

成毛 どうして火星から来たとわかるんですか？

洞口 隕石に含まれる成分です。火星の大気の組成は1970年代にアメリカのバイキング探査機によって得られていますので、そのデータと一致することで火星から来たことがわかります。

ここにも注目!

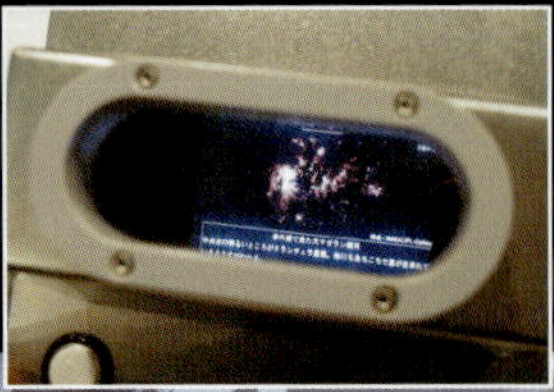

天体を見よう

{ Check 1 }

天体観測には様々な波長の光が使われている。人の目に見えない光で天体を見るとはどんなことなのか。それを疑似体験できるのがこのコーナー。可視光だけが光ではないことがよくわかる。

スーパーカミオカンデの光電子増倍管

{ Check 2 }

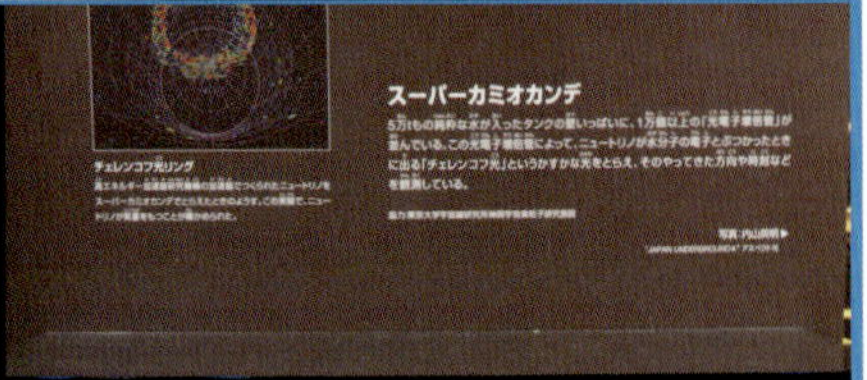

重力波に関する展示もしていきたいです

カミオカンデ、そしてスーパーカミオカンデでニュートリノを検出するのに使われるのがこの光電子増倍管。スーパーカミオカンデでは、これが1万1200本使われている。製造を担ったのは浜松ホトニクスだ。

宇宙線

Cosmic Rays

宇宙線の観測

くねくねしているのは放射線の一種のベータ線（電子）、まっすぐすーっと走るのは宇宙線由来のミューオンと、飛跡で放射線の種類がわかります　若

宇宙線を見る

若林　宇宙から降っているものといえば宇宙線もあります。目には見えませんが、低温のアルコール蒸気を満たしたこの霧箱《きりばこ》の中ならその飛跡が見られます。実際には、宇宙から来る放射線と、地球起源の放射線、その両方を見ることができます。

成毛　きれいですね。

若林　このフロアの目玉の一つで、長時間ご覧になる方もいます。

成毛　そんな目玉展示を、部屋の一番奥のこの場所に置いているのはなぜですか？

若林　霧箱から展示室を振り返ると、左に宇宙、右に物質のコーナーがあります。宇宙線は宇宙から飛んでくる素粒子なので、宇宙と物質を結びつける意味でここに展示しました。

霧箱

展示用の霧箱は外国のものが有名ですが、これは純国産。これだけ盤面が大きく、三次元的に見られるものは他の施設にはありません　若

Exploring the World of Matter

物質を探る

私たちの体は、目の前にあるものは、
何からできているのか。
それを知るには、ものを極限まで
小さく分けて知る必要がある。
だから人間は巨大な装置で
小さな粒子を追い求める。

目には見えない世界に様々なアプローチを仕掛けている

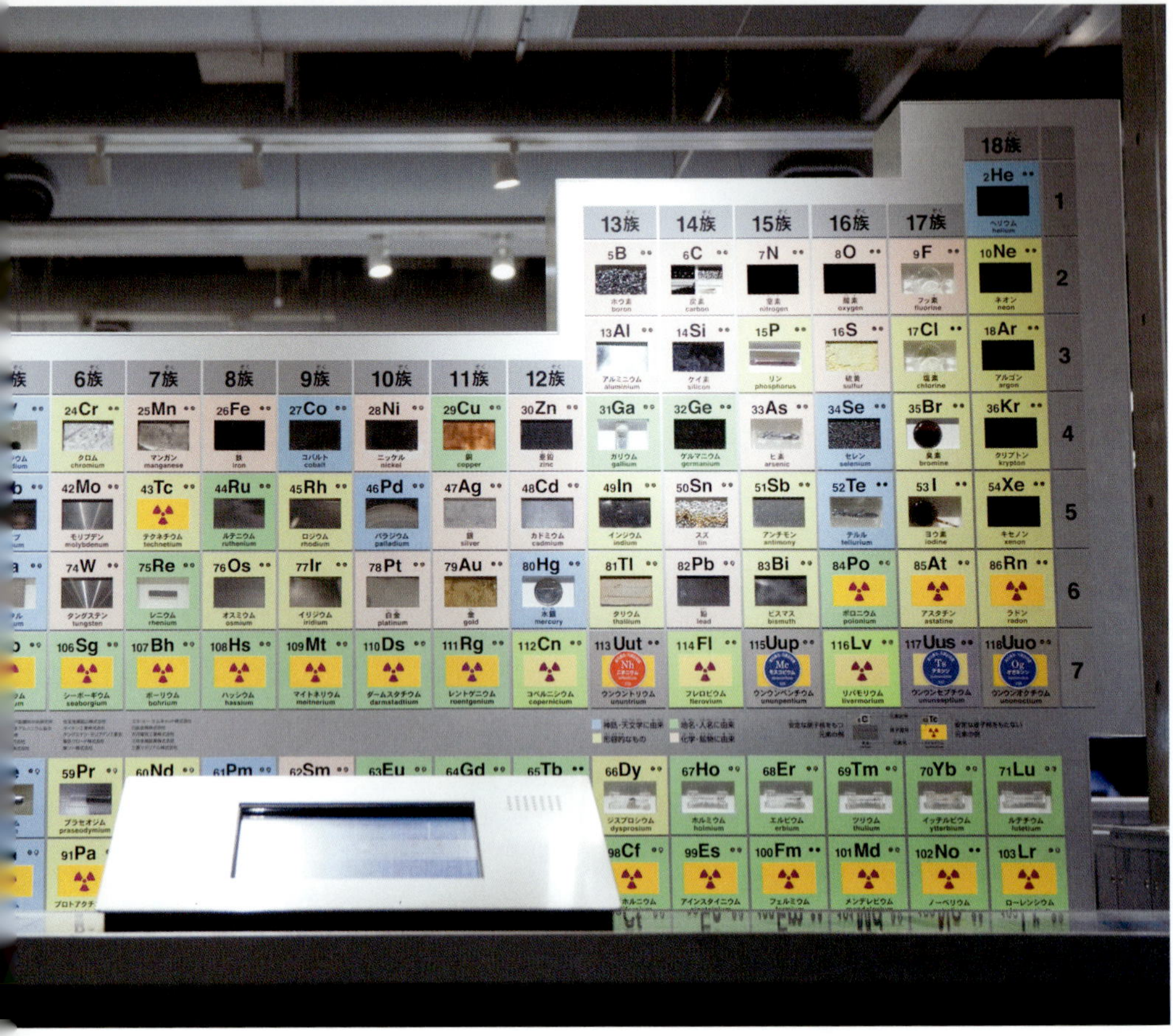

Periodic Table

周期表

見られる元素たち

成毛　物質のコーナーは、宇宙のコーナーと対をなすようになっているんですね。

若林　とても関係が深いので。

成毛　それにしてもこの周期表は大きい。しかも単体の実物が表の中に埋め込まれている。

若林　これは1981年に最初に作られ、その後何回か作り替えられました。放射性元素以外のすべての元素の単体が展示されているという当時としてはとても珍しいものでした。

成毛　金、銀、プラチナ……。放電するものもありますね。

若林　特徴的なところを見ていただきたいと思いまして。

成毛　水兵リーベ僕の船……を暗記するのはもううんざりとい

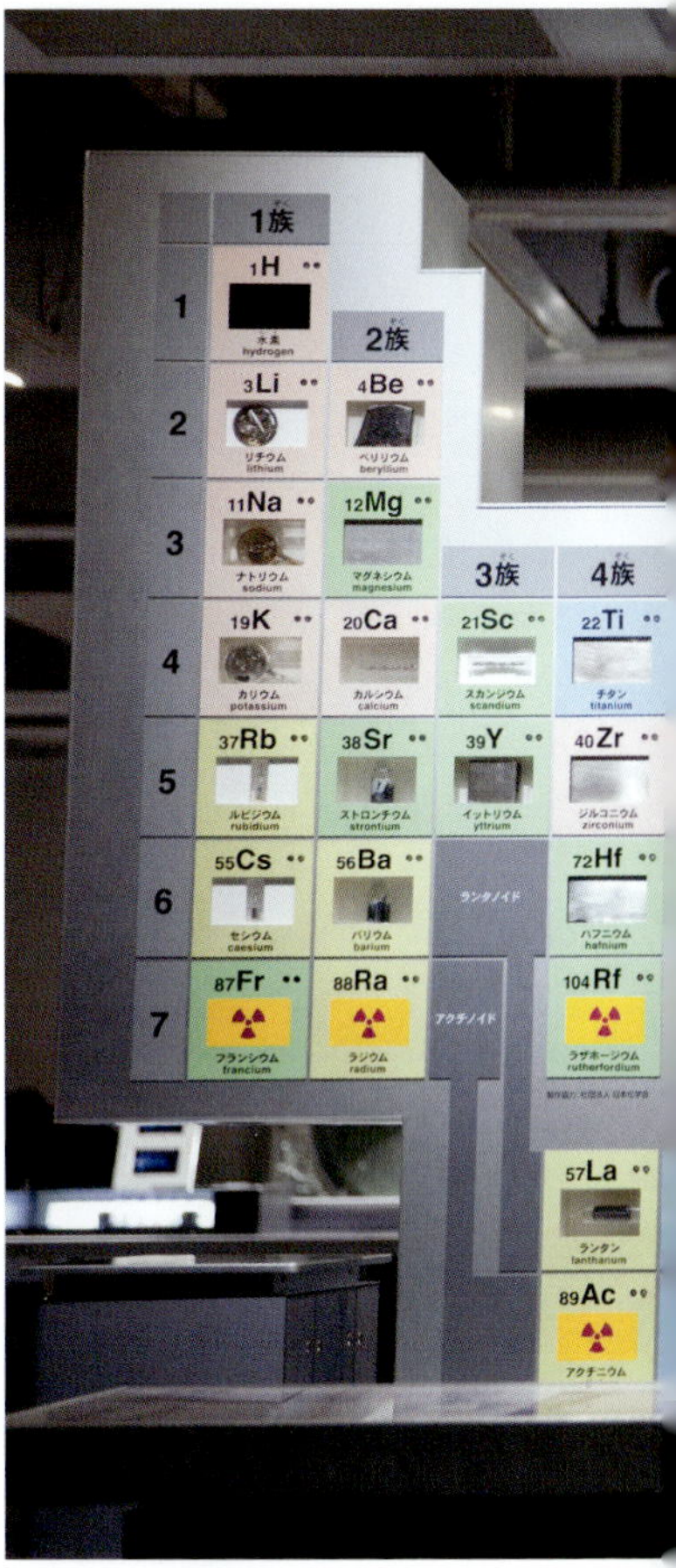

元素の周期表

教科書でおなじみの周期表ですが、ホンモノと共に展示されているのは珍しい　成

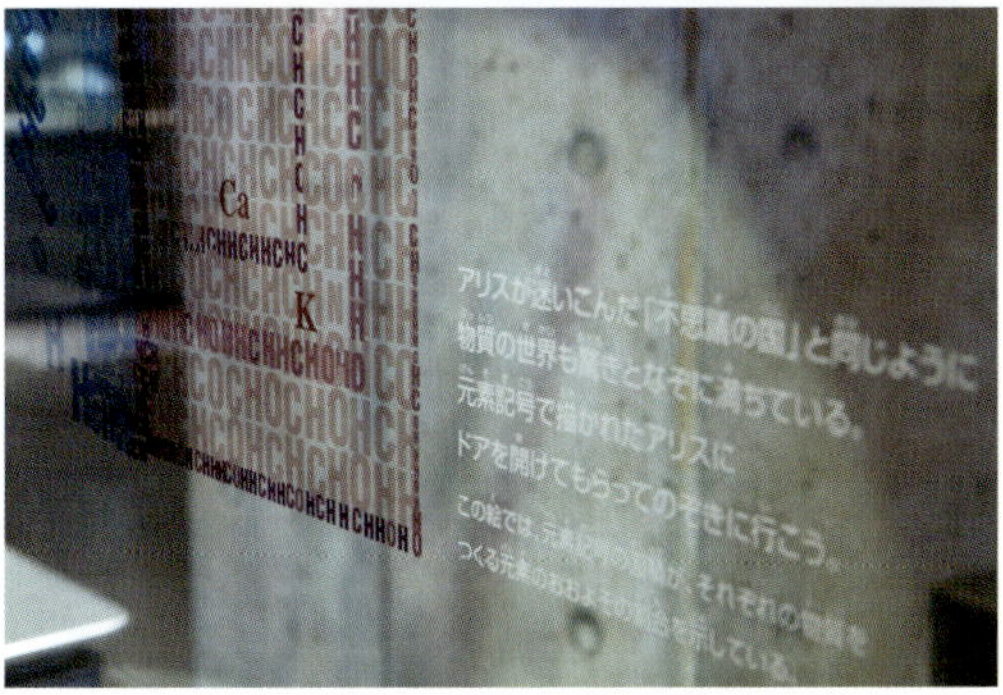

元素記号で描かれたアリス

遠くから見ると不思議の国のアリス、近づいてみると……。不思議の国に行くように、ミクロの世界へ行きましょう　若

う学生も、これを見ると楽しく覚えられそうです。そういえば、理研（理化学研究所）の研究チームが発見した元素番号113の正式名が「ニホニウム」に決まりましたね。

若林　ニホニウムで化学に関心を持つ人が増えれば嬉しいです。

不思議の国へ

成毛　あれ、なんでここに不思議の国のアリスがいるんですか。

若林　近づいて見てください。

成毛　CとかOとかHとか書いてあります。元素記号を並べて絵にしているんですね。この比率にも意味があるのでしょうね。

若林　それぞれの物質を作っている元素とだいたい同じ割合で描いています。

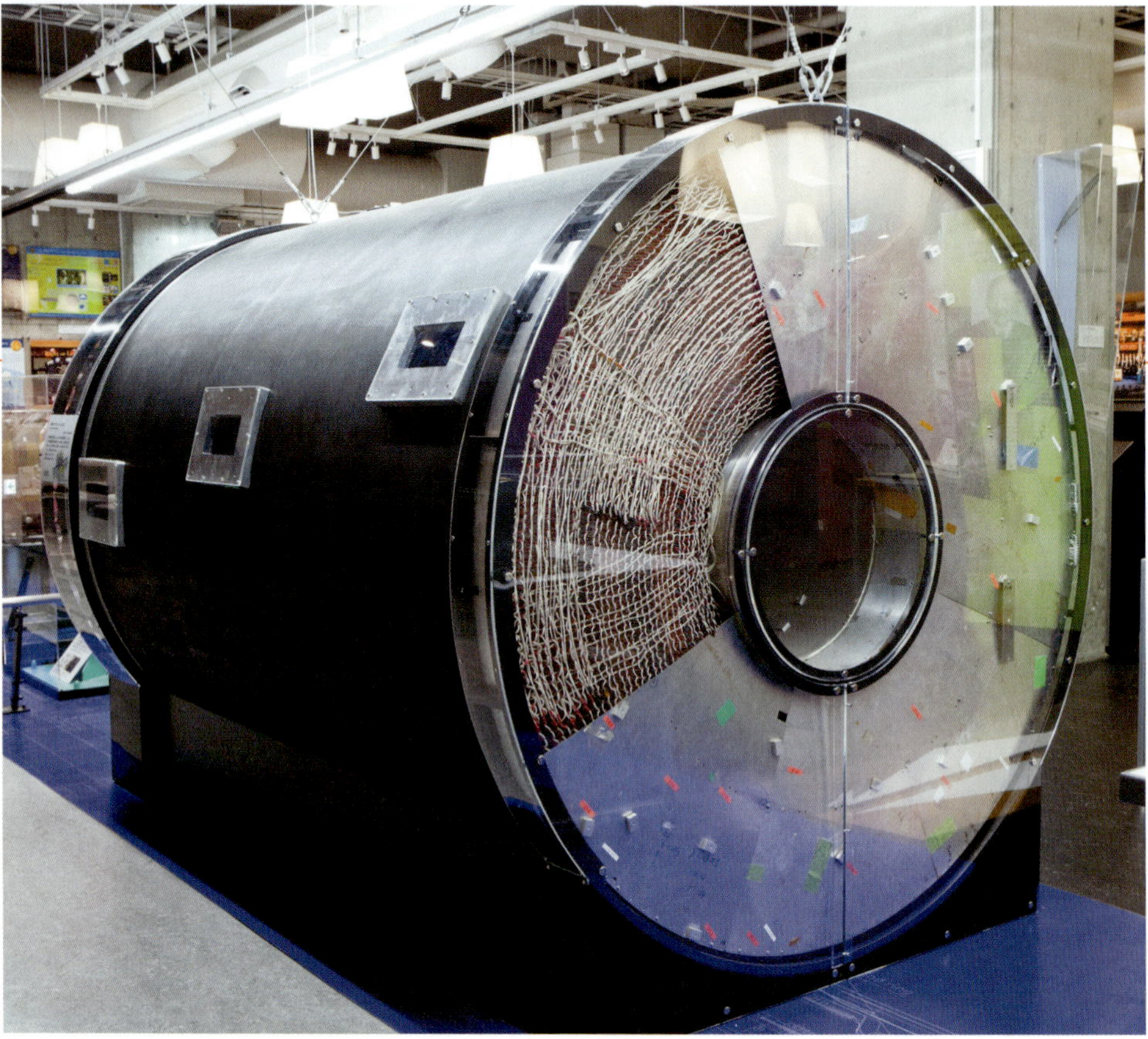

Belle測定器の中心部分

つくばの高エネルギー加速器研究機構で使われていたBelleは、今はBelle2にアップグレードされています　有

小さな世界を知るには

有賀　元素、原子はとても小さなものですが、その研究を突き詰めて粒子をくまなく知ろうとすると、とても大きな実験装置が必要になります。これはつくばの高エネルギー加速器研究機構で使われていたKEKBという加速器と、Belleという測定器の一部です。

成毛　KEKBがスーパーKEKBに、BelleがBelle2にアップグレードされるタイミングで見学に行きました。ゴルフ場数個分という広い敷地の地下に、巨大実験装置があるんですよね。それを持ってきたんですか。

有賀　価値のあるものですから。ただこれは一部です。加速器の

向こうが
見えるように
なっていると、つい、
覗いてしまいます

Particle accelerator

加速器

理研再建サイクロトロンのイオン加速箱

戦前、理研にあったサイクロトロンは進駐軍によって東京湾に沈められました。これは、戦後再建されたサイクロトロンの中心部の実物です。 若

電磁石も、軽い400キロのものを一つだけもらってきて展示することにしました。

成毛　それでも400キロ！

破壊された加速器

若林　加速器は、日本にも戦前からあったものです。しかし戦後、核開発に転用の可能性があるということで、破壊されました。その後、加速器のうちサイクロトロンと呼ばれるタイプを発明したアメリカ人が来日し、また作ったらどうだというので、再建しました。

成毛　それが戦後の科学の自立の始まりだったかもしれませんね。つくばの加速器も、そういった歴史の先にあるものなのだということがよくわかります。

サーモクロミズムの実験

温めると色が変わる。これ自体はそう珍しい展示ではありませんが、最近流行っている消せるペンのアイデアはここから生まれたんですよ　若

その先に便利がある

若林　こちらには、もっと身近に化学を感じられる展示があります。まずこれは、温まると色が変わるサーモクロミズムです。

成毛　これを利用した温度計もありますね。こういった展示には、民間企業の協力もあるのでしょうか。

若林　はい。近年、消せるペンが流行していますが、使ったことはありますか?

成毛　便利ですよね。

若林　実はこの展示に協力してくれた方が、後にそのペンを開発したんです。

成毛　へえ。そうですか。確かにあれも、サーモクロミズムを利用したものですよね。ああ、そうやってつながっているんだ。

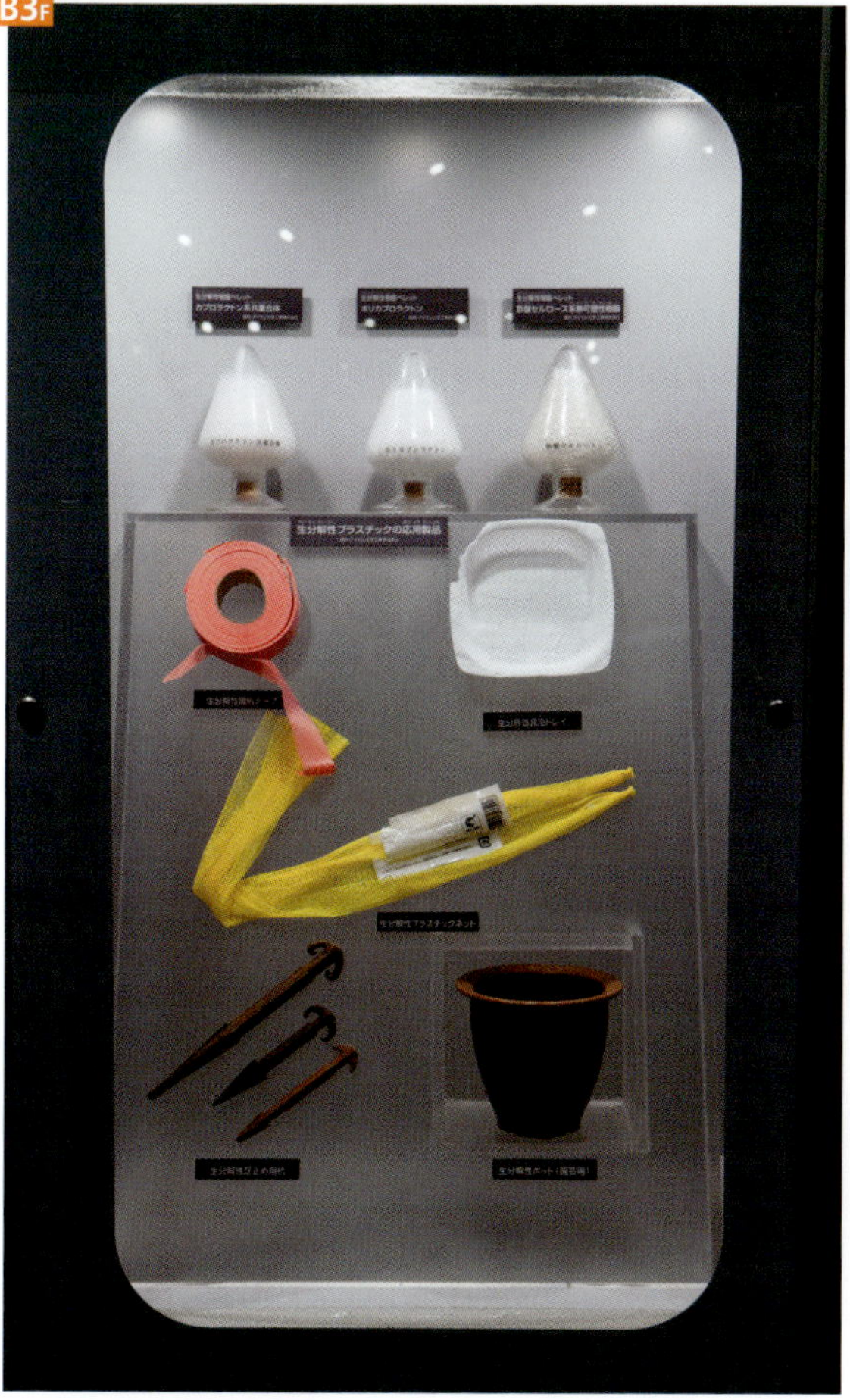

生分解性樹脂

一部がぼろぼろになっているのは、その性質ゆえ。時間がたつとこんな風に分解するんですね。そう考えると、とても意味のある展示です　成

14年前の有機ELです。展示した当初はそんなに寿命は長くないだろうと思われていましたが、今でもきれいに映っています　若

Chemical that Helps to Life

身近な化学

展示しているうちに
状態が変わるものも
あります

展示は生きている

若林　今の世の中には、科博が集めて展示しておいたほうがいいものがたくさんあります。最近は生分解性樹脂《せいぶんかいせいじゅし》もあちこちで使われていますよね。

成毛　はい、微生物によって分解されるという。だから土に埋めてもいいという商品をよく見かけます。

若林　この生分解性樹脂の展示は14年前からそのままなのですが、当時はぼろぼろではありませんでした。土に埋めなくても、こうやって分解が進んでしまうものもあるんです。触れた瞬間崩れるものもあります。

成毛　これは生きた展示ですね。10年後、20年後、どうなっているのかが楽しみです。

ここにも注目!

{ Check 1 }

シンクロトロンの原理

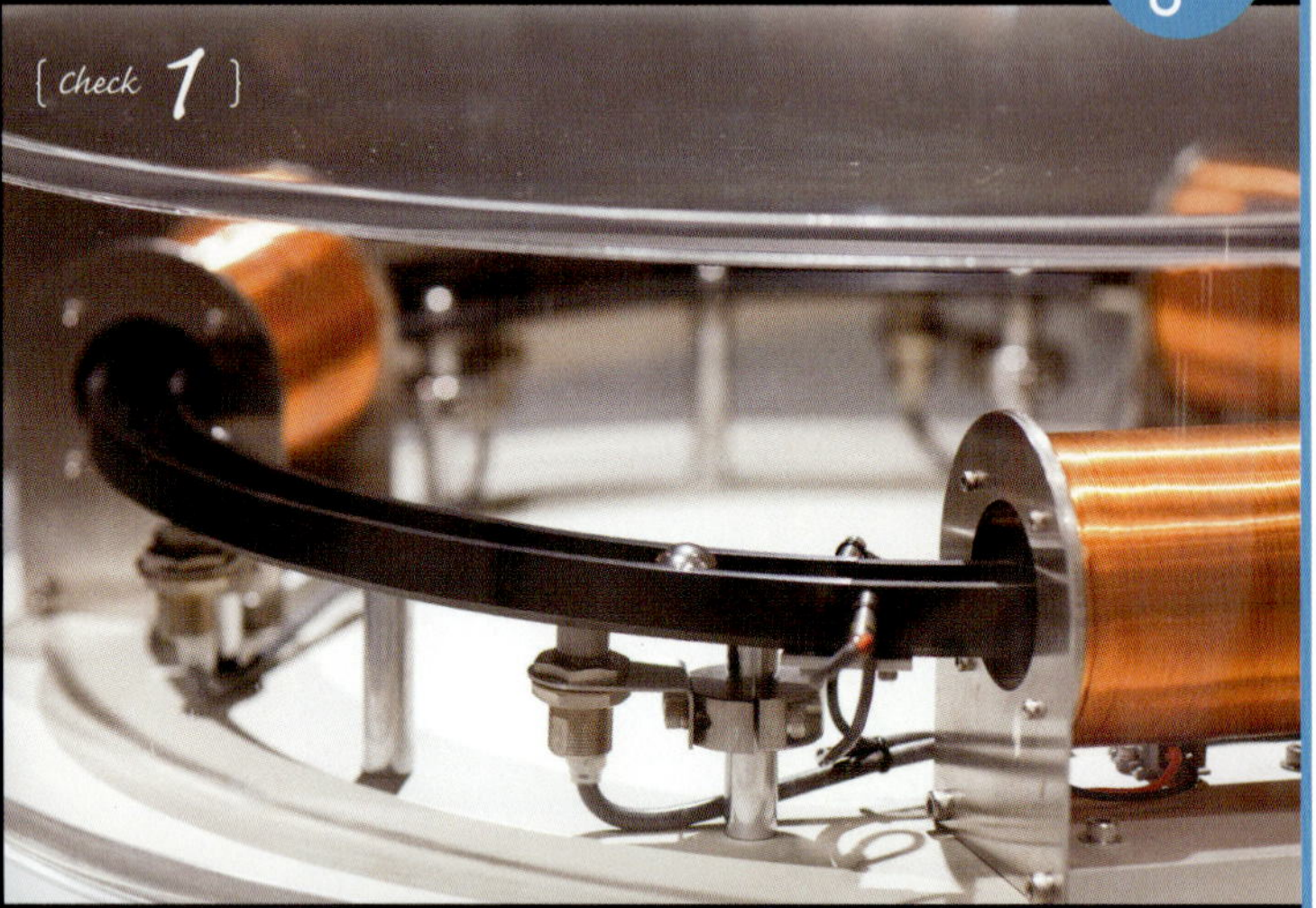

加速器の一種であるシンクロトロンの原理を体験する装置。コイルを加速装置、金属の球を粒子と見立て、球がコイルに近づいたときにコイルに電流を流すという作業を繰り返すことで、球が加速しレールをぐるぐると回る。そのことを知ってかどうか、子どもが夢中で操作する姿をよく見かける。

{ Check 2 }

ジュールの実験

子どもたちに人気なのは、自分の体を使って楽しめる実験装置だ。熱を発生させるこのジュールの実験装置にはチャレンジ精神旺盛な子どもたちが列をなすことも。ハンドルをどれほど回してもなかなか重りが上がらず、大人でもバテてしまう。

教科書で見る数字を、
“体感”しに来てください

Sky Deck

屋上の憩いスペース

青い空、白い雲、緑、そして輝く東京の街。
晴れたらスカイツリーも。
科博地球館の屋上は、知る人ぞ知る、
都心の憩いの場所だった。

上野公園内にある6階相当の屋上からのビュー。一度はぜひ体験を。

Herb Garden

ハーブガーデン

推薦人：
藤野公之副館長

上野の街を一望

石川五右衛門でなくても“絶景かな”と言いたくなる眺め。これが科博からのビューというのがいいじゃありませんか ㊗成

東京の空が近い場所

科博は知の密度の高い場所だ。だからワクワクするともいえるし、いささかトゥーマッチでもある。朝からじっくり見て回っていると、足よりも先に頭が疲れてくる。それだけ知的に刺激的な空間なのだ。その心地よい頭の疲れを、ほどよく癒やしてくれるのがこの屋上だ。高層ビルの展望台などと比べればさほど高い位置にあるわけではないのに、開放的な気分になれる。天気が良ければ東京スカイツリーなど、東京のランドマークを見ることができる。上野の空は、予想以上に開放的で自由だ。屋台ではなんとアルコールまで販売している（※平日のみ／冬期は閉鎖）。

スカイデッキ

ウッドデッキがいいですね。これがチープだと興ざめなのですが、重厚感があります 成

ハーブガーデン

このハーブガーデンは、常設展示担当のスタッフが責任を持って維持・管理しています 藤

Cafe Atelier de Reve

恐竜ピザなどを販売する屋台は、クレーンでここまで上げました。ぜひご活用ください 藤

ちょっとこじつけになるかもしれないが、この自由な雰囲気は実に科博らしい。どこでどれだけ時間を使っても、ときにはどこかの展示をスキップしても、誰にも文句を言われない。その日の気分で、探検したいように探検し、ぼんやりしたいようにぼんやりすればいいのだ。

そんなことを考えながらきれいに整えられたハーブガーデンを見ていると、緑といってもいろいろな色があるんだなと気づいて、近寄って説明書きを読む。そうやってまたうっかり頭を使ってしまう。それもまた科博にふさわしい時間の使い方だ。

この屋上に上がるためだけに、科博に来るというのもなかなかいいのでは。ただし雨の日は開放されていないのでご注意を。

筑波実験植物園

科博といえば上野だが、実は上野だけにあるのではない。茨城県のつくばにも、上野デビューを待つ収蔵品の他、多様な植物と出会える施設がある。それが筑波実験植物園だ。

案内人

岩科 司
植物研究部長
筑波実験植物園長

平成コンニャク騒動

上野から約50キロ離れた筑波実験植物園は、つくばエクスプレスのつくば駅からバスで約5分、最寄りのバス停で降りて2分ほど歩いたところにある。開園は1983年だが、実はその7年前、1976年から準備が進められていた。

「動物園なら檻を作ってそこに動物を入れれば始められますが、植物園は苗を植えたり種をまいたりしても、ある程度時間がたたないと見せられ

ショクダイオオコンニャクの花

一度見てみたい大きな花！　2016年は高さ2メートル40センチになったそう。ギネス記録の3メートル5センチを更新してほしい　成

実験植物園で発見されたトゲミノダイダイサラタケ

日本ではここでしか発見されていないキノコ。いつ生えるかわからないので、園内で見つけたらラッキーですね　岩

三角屋根が印象的な温室は、木々の上からも観察できるよう2階建ての吹き抜け構造になっている

る状態になりません。では、今はもう完成かといわれれば、それも違います。植物園は百年以上の長いスパンで考えないといけないんです」(岩科先生、以下同)

なるほど。確かに、樹齢百年以上の木を当たり前に有する世界の名だたる植物園は、インドネシアのボゴール植物園にしろ、イギリスのキューガーデンにしろ、その歴史はとても古い。ただ一方で、植物園として徐々に形成されていく様子を見られる楽しみもある。季節ごとの変化や毎年の生長を見守ってきた十数年越しのリピーターも多いことだろう。

現在、年間の来園者数は9万人台。かつては6万人台だったのをここ数年で急激に押し上げたのは、世界一大きくて世界一臭い花とされるショクダイオオコンニャクだ。20年に一度しか咲かないといわれている花が2012年に咲いて話題を呼び、それに気を良くしたのか(?)5年間で3度も咲いている。

「なぜなのかと理由を聞かれるんですけど、花に聞いてくださいとしか言いようがないんです。栄養状態が

いいのかなとは思いますが」

　2016年8月にも開花し、翌日には1日6400人と、開園以来最多の入園者数を記録した。このときの大変さを岩科先生は『コンニャク騒動』と言って笑ったが、次に咲いたときにはぜひ見に来たいと思った。この園で近年ニュースになったものといえば、こんな話もある。

「自然が、ここを自然と認めてくれたのか、日本でここにしかないキノコが発見されました。でも、次にいつ生えるかはわかりません」

　それも自然ならではの理。遭遇したければ通い詰めるしかなさそうだ。

キビ

きびだんごの「きび」です。隣にはネコジャラシがありますが、雑草ではなくエノコログサ（正式名）として植えています （岩）

シロゴマ

「何かわかりますか？」と岩科先生が房を割ると、中からゴマが！（注：園内の植物に触わるのはやめましょう） （成）

25%が絶滅危惧種

　敷地面積は約14万平方メートル。東京ドームおよそ3つ分の面積で十分に広いが、当初はこの4倍の広さが検討されていたという。世の経済の動きの影響を受けて現在のサイズに収まった。それでも一日散策するには十分だ。

　公開されている温室は4つあり（例のコンニャクは熱帯雨林温室にある）、屋外は意図を持って区画分けされている。たとえば「冷温帯落葉広葉樹林」とか「山地草原（高地性）」といった具合。つくばで〝冷温帯〟を再現するのは難しそうだ。

「白樺なんかは大変ですね。カミキリムシは大敵なんですが、地道に取り除くしかありません。ここのエリ

ヒョウタン

実はヒョウタンの形は多彩。くびれのある見慣れたものの他に、上が長く伸びたものや真ん丸のものも。でもすべて同じ種です （岩）

アは農薬を一切、使いませんので」

人間との関わりが深い植物を集めた区画もある。ネコジャラシを立派にしたような植物を指し、「これはキビ」と岩科先生。『桃太郎』に出てくるきびだんごのキビがこのように生《な》ることを、最近の子どもは知らないだろう。他にも、青果店やスーパーでおなじみの野菜も栽培されているが、その野性味溢れた〝本来の姿〟には驚かされた。取材時には収穫期を過ぎて肥大したキュウリがそのままになっていた。ところで、ナスと一緒に植えられたこの花は？

「マリーゴールドです。この根には、果樹にとっての害虫である線虫《せんちゅう》を寄せつけない成分が含まれています」

家庭菜園をされる方は、ご参考に。

絶滅危惧種の展示もある。

「今、日本には野生の被子《ひし》植物、つまり花の咲く植物が約7000種あり、うち4種に1種は絶滅危惧植物です。さらに、7000種のうちの4種に1種も日本固有の植物です」

日本から絶滅してしまうと、世界から絶滅してしまうものがかなりあるということだ。たとえば、キキョウも絶滅危惧種。割と親しみのある身近な植物だと思っていたが、その身近さが問題だった。生育に適した環境と人間の暮らしやすい環境が重なっていたため野生地が減少した。また、根は漢方の原料にもなる。そして、その美しさも仇《あだ》となった。

「動物や昆虫は植物を見てもエサかどうかという判断しかしませんが、人間には独自の利用の仕方があります。心を豊かにすること。花を見てうっとりするのは人間ならではです」

美しいからこそ、人間によって絶滅の危機に追いやられてしまう植物もあるのだ。

絶滅危惧種

絶滅危惧種の割合が高いのにはびっくりです。動物だけでなく植物の保全も重要ですね 成

シビイタチシダ

もう、野生のものはなくてここしか株が残っていません。名前の由来は、この種が発見された鹿児島県の紫尾山（しびさん）から 岩

原始的なサボテン（サクラキリン）

見えませんが、これもサボテンです。幹にトゲが生えています。トゲは葉が変形したものなんです 岩

サボテンの葉

多肉部分は枝で、葉はこれ。ただし葉が生えるのはより原始的なものです 岩

江戸時代のサボテン

さて、唐突ですがクイズです。開園から35年ほどの筑波実験植物園で、最も高年齢の植物は何でしょう。樹齢何百年という大木を移植するのは難しいはずなので、この地に元からあった樹齢50年ほどの木とか？

「江戸時代に芽生えたサボテンです」

え？ 江戸時代のサボテン!?

「サボテンには1センチ育つのに1年かかるようなものもあって、現在の大きさから、芽生えたのが江戸時代だと推測できるのです」

この園はサボテンを数多く保有するが、そのなかにはユニークな来歴を持つものもある。全部で2000種近くあるサボテンはすべてワシントン条約に結託しているため、海外からの訪日客や帰国者の荷物にそういうものがあると、任意放棄が求められる。要するに没収だ。没収後は送り返されるものもあるが、価値が高く盗掘《とうくつ》被害に遭いそうなものなどは、研究用としてここで預かることもあるというのだ。貴重ゆえ非公開となることが多いが、しかしこの植物園は実にいろいろな役割を担っている。ただの植物園ではないのだ。

その証拠は、展示されている植物につけられたタグにも見ることができる。そこに書かれた番号で検索すると、学名や分類だけでなく、いつどこで誰が採取したものなのかもわかるよう、データベース化もされている。ここは巨大な実験場。実験植物園という名前はダテではない。

ちなみに近年の遺伝子解析の結果、植物の分類が変わったものも多い。

「カエデは昔、カエデ科の植物でしたが、今はムクロジ科にすっぽり吸収される格好で、カエデ科という分類はなくなりました。カエデとムクロジの外見はまったく似ていないので『わかりにくい』とお叱りを受けることもあるのですが、昔の研究者はちゃんとカエデ科とムクロジ科を隣同士にしていたんですよ」

昔の知識はそのままでもいけないし、でも、そこに理由があることもある。なんとも示唆的ではないか。

ポインセチア

クリスマスシーズンに鉢植えで出回るポインセチア。大きく育って見慣れない姿に ㊚成

「そのまま」が科博

ここは植物園でもあるが実験場でもあるので、実験の邪魔になる行為は御法度。たとえば、落ちている実を持ち帰るのも、実験環境を変えてしまうことになるのでNGだ。観葉としておなじみのポインセチアやカポックにも手を加えていないし、育ったキャベツなどの野菜を収穫して食べることもない。育つがままに自然に、そのままにしておく。

「キャベツのようなアブラナ科の植物は、昆虫にとって猛毒になる硫黄《いおう》化合物《かごうぶつ》（ダイコンやワサビの辛み成分の元）を作りました。動けない植物は、動物以上に変化してきたんです。でも、モンシロチョウの仲間の幼虫はアブラナ科の植物しか食べません。硫黄化合物を克服したからです。つまり、アブラナ科の植物を独占できる。キャベツを食べる幼虫を観察することは、生物の進化を見ることなんです」

虫に食われたキャベツもそのまま見せるのが、科博なのだ。

幹生花（カカオ）

アリのような飛ばない虫に効率よく花粉を運ばせるため、幹に直接、花をつけるものを幹生花（かんせいか）といいます。これはカカオの木 岩

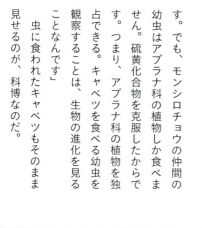

附属自然教育園

港区白金台。お洒落セレブが優雅に過ごしていそうな街に、四季の移ろいを感じられる自然の森がある。この都心のオアシスでは、真夏でも周辺と4〜5度違うという。

水あり緑ありで、都心にいることを忘れてしまう。行ったことのない人は明日にでもぜひ！

案内人

所 真次
附属自然教育園
総務担当係長

遠藤拓洋
附属自然教育園
職員

矢野 亮
附属自然教育園
名誉研究員

小川 義和
附属自然教育園長

エアコン4000台分

空からの写真を見ると、ここ附属自然教育園は緑色で、都心のオアシスであることは一目瞭然だ。この風景を真夏に、サーモメーター越しに見てみると、周囲は真っ赤なヒートアイランドなのにここだけは涼しげに青くなっているという。冷やされた空気は夕方から夜にかけて周囲に流れ、その効果は一般的なエアコン4000台分にもなるのだとか。

上空から見た自然教育園

昭和24年に国立自然教育園という名前で公開され、その後昭和37年に科博の附属施設になりました ㊏

　ここはもともとは、白金長者《しろかねちょうじゃ》と呼ばれていた室町時代の豪族の屋敷があったといわれている場所で、その後は、芝・増上寺《ぞうじょうじ》の管理下に入り、高松藩主松平讃岐守頼重《たかまつはんしゅまつだいらさぬきのかみよりしげ》の下屋敷となり、明治時代には火薬庫となって海軍省・陸軍省に管理され、大正時代には宮内省帝室林野局《くないしょうていしつりんやきょく》の所管となって白金御料地《しろかねごりょうち》と呼ばれた。

「一般の方がなかなか入り込めない場所だったため、東京にしては豊かな自然が残されていたんです。昭和24（1949）年に国の天然記念物及び史跡に指定され、教育園として一般に公開されるようになりました」

　説明してくれる矢野亮先生は、ここに勤務して47年。自然教育園の生き字引のような人だ。

　それ以降も、園内にはほとんど手を加えていないという。江戸時代の森が今もなお残っている、と言いたいところだが、手を加えないからこそ、自然の変化も起きている。

「園内では、1950年には2968本だった樹木（胸高直径10㎝以上）が、その60年後の2010年には10893本と、3・7倍に増えています。特に常緑樹が増えているのですが、そ

の割合は、14%から38%にまで増えました」（矢野先生）

常緑樹が増えた理由は、森が育ったから。落葉樹が成長すると森の中は暗くなり、そこには日陰でも生育できる常緑樹が多くなるのだ。

一方で、針葉樹は約30%からなんと2%程度にまで減っているという。

「暗いと育たないというのもありますし、大気汚染に弱いのです。だから昔はだいぶあったスギやアカマツなどは減ってしまいました。また温暖化の影響で、もともとなかったシュロ類がこの60年で21%まで割合を増やしています」（矢野先生）

こういうことがわかるのは、開園当時からずっと記録をつけているから。ここ白金の森は、武蔵野の森と同じ変化を、少しだけ離れたところで遂げてきた。そして今は、もう武蔵野の森では見られなくなった野草類なども、教材園などで保護・管理しているため見ることができる。

屋敷の名残がそこここに

森とはいえ、お屋敷時代の名残もある。いくつか教えてもらった。

まず土塁《どるい》。園内には低い堤防のようなものがあちこちに見られる。これは室町時代のお屋敷の名残だ。

それから植物では、トラノオスズカケとハマクサギ。

「これは、本来は関東にはない、西のほうの植物なんです」（矢野先生）

ではなぜここにはあるのかというと、江戸時代に西からやってきた殿様が、故郷の植物を植えたからだ。トラノオスズカケは、今や西日本でもほとんど見られなくなった絶滅危惧種。自然教育園でもしばらくの間は絶えてしまったと考えられていた

トラノオスズカケ

絶滅危惧種で、ここでも長らく見られませんでしたが2007年に再発見されました 矢

ハマクサギ

漢字で書くと浜臭木。日本では近畿から西に分布しています 矢

物語の松
近くのひょうたん池と共に、かつては回遊式庭園を彩っていたものと思われます 矢

が、今はすくすくと育っている。

「種は土の中にたくさん眠っています。これを埋土種子《まいどしゅし》というのですが、条件が良くなると発芽します。おそらく周囲にあった樹木が枯れて光が当たったのでしょう」（矢野先生）

ひょうたん池もお屋敷の名残だが、そのすぐ脇に見どころがある。通称『物語の松』だ。途中までは盆栽のようなカーブがついているが、途中からはまっすぐ天に向けて伸びている。どこまでが人の手をかけていて、どこからが自然に任せたのかがよくわかる。

動物も豊富

せっかく自然教育園に来るなら、いろいろと教えてほしいという人もいるだろう。その場合は『日曜観察会』や『子ども自然教室』など定期的に開かれるイベントに申し込むといい。スケジュールはウェブサイトで確認できる。

「園内に落ちているどんぐりも、いい教材になるんですよ」

矢野先生がどんぐり帽子の笛を実演してくれる。ここ自然教育園も実験植物園と同様に、木の実や種、それに動物の持ち出しや持ち込みは禁じられているが、こういった体験はイベント時に楽しむことができる。

どんぐり帽子の笛を実演する矢野先生

実は以前、園内の池に外来種の魚が密放流され、繁殖して在来種が壊滅状態になったことがあるという。本来はいないはずの魚を除去するため池の水を抜いて対処したが、くぼみなどに残っていた水に稚魚《ちぎょ》がいたせいで、翌年に浚渫《しゅんせつ》工事をして外来

種を完全に駆除したそうだ。こうなると、被害は魚だけでなく、水辺の両生類や鳥にも及ぶ。保ってきた武蔵野の森が破壊されかねない。

森には動物も集まってくる。これについても当然のことながら記録が残されていて、昆虫類約2130種、クモ類約190種、鳥類約130種、魚類13種、両生類6種、爬虫類14種、哺乳類12種が、この都心の森で見つかっているという。

「たとえばチョウは58種、見つかっています。ここの広さは20万平方メートルですが、110万平方メートルある皇居では57種です。こちらのほうが狭いのに、多くの種が見つかっているのはなぜだと思いますか」（矢野先生）

答えは、それだけ頻繁に調査をしているから。皇居では月に一度程度行われる調査が、ここ自然教育園で

ナガサキアゲハ

2003年頃から、かつて東京では見られなかったチョウが増えています。このナガサキアゲハもその一種 矢

カワセミ

矢野先生はカワセミ調査中。休日も休まず観察していたこともありました 小

は毎日、配属3年目という遠藤さんのような職員やアマチュア写真家たちの手によって実施されている。また、園内の植物の保護や管理も遠藤さんたちの大切な仕事だ。自然教育園は基本的に手を加えないが、たとえば路傍《ろぼう》植物園と名づけられたエリアは野草類がなくならないよう、除草したり木の枝をある程度切って、光が射すようにしている。

300人の定員制

それにしても本当に、都心のオアシスである。すぐ側を首都高速2号線が走っていることなど忘れてしまいそうだ。一日あたりの来園者数は、平日はだいたい300人ほどだそう。これだけの空間を、310円の入園料で、これだけの人数でシェアできるのは実に贅沢だ。

見ごろを迎えたソメイヨシノ

ここは静かにゆっくりとお花見を楽しめる穴場かもしれません。花筏もきれいです 成

春はソメイヨシノやヤマザクラ、ウグイスやメジロ、夏はノハナショウブにガクアジサイ、カワセミに各種アゲハチョウ、秋はイロハモミジにススキ、アキアカネやヒヨドリが見られ、冬は葉を落とした木々の間に、キジバトやツグミ、さらにはジョウビタキなどを見ることができる。季節が変わるたびに訪れたいものだ。とりわけ桜の季節、紅葉の季節は混雑するそうだが、園内で身動きがとれなくなるようなことはない。

「自然保護の観点から、一度に入園できる定員を300人としています。多いときは1日1000人以上の方がおいでになることもあるのですが、その場合は少しお待ちいただくこともあります」と小川園長。

それも、残されたこの空間を次世代に残していくために必要なことだ。

「行列のできる公園って、本当はいい話だと思うんですよ。うまいラーメン屋さんにも、いい演劇や音楽の公演にもみんな並ぶでしょう？それと同じだと思います」（矢野先生）

それくらい心にゆとりを持っていたほうが、爽やかな空気も虫の鳴き声も鳥の羽ばたきも、豊かな気持ちで楽しめそうだ。仕事の息抜きに、目黒駅から少し足を伸ばしてリラックス、という使い方もいいかもしれない。園内でお弁当を食べるのはOK、ただし飲酒はNG。

イロハモミジの紅葉

落葉樹ながら木陰でもよく育つイロハモミジは12月頃まできれいな葉の色を楽しめます 矢

筑波実験植物園

Tsukuba Botanical Garden

3000種類もの植物を見ることができる。広いので丸一日を費やすつもりで出かけたい。植物画コンクールやクラフトDayなどのイベントも豊富なのでウェブサイトで予めチェックを。土日にはボランティア案内員が待機している。

茨城県つくば市天久保4-1-1
TEL：029-851-5159（代表）
開園時間：9:00～16:30（入園16:00まで）
※催事・季節により延長
休園日：月曜（休日開園、翌日振替）、祝日の翌日、年末年始
入園料：一般310円　団体210円
※高校生以下、65歳以上無料
アクセス：つくば駅A3出口直結つくばセンターバスターミナル5番のりばから「テクノパーク大穂行き」に乗り、「筑波実験植物園前」で下車
URL：http://www.tbg.kahaku.go.jp/

附属自然教育園

Institute for Nature Study

一年中どんな季節に行っても、自然に親しむことができる都心では貴重な存在だ。園内にはベンチも多いので、鳥や昆虫を観察しながらの長時間滞在もおすすめ。近くに勤めている人は、お昼休憩などにふらっと訪れるのもいいだろう。

東京都港区白金台5-21-5
TEL：03-3441-7176（代表）
開園時間：9月～4月9:00～16:30
5月～8月9:00～17:00（入園16:00まで）
休園日：月曜（休日開園、翌日振替）、祝日の翌日、年末年始
入園料：一般310円
※高校生以下、65歳以上無料
アクセス：目黒駅東口・中央口より徒歩9分、白金台駅出口1より徒歩7分
URL：http://www.ins.kahaku.go.jp/

National Museum of Nature and Science

ナショナルセンターとしての科博のこれからと新たな試み

Chapter 2

親と子のたんけんひろば
コンパス
ComPaSS
Exploration area for families with children

かはくのモノ語りワゴン
kahaku no MONOGATARI wagon

3万年前の航海
徹底再現プロジェクト
Scientific research + Adventure

科博は日本の科学の“歴史”であると同時に、
“これから”を担う国の中心的機関。
ものを集め、研究し、展示するだけではない、
私たちをさらにワクワクドキドキさせてくれる
新たな取り組みについてお話を伺いました。

ComPaSS Exploration area for families with children

親と子のたんけんひろば コンパス

博物館を遊び場に

案内人 学習課 小川達也／神島智美

未就学児向けに新設

地球館の3階には、博物館というよりも遊園地や公園と呼ぶにふさわしい空間がある。『親と子のたんけんひろば コンパス』だ。動物の剥製を取り囲むように吊り橋があったり、滑り台があったり、かと思うと、絵本や標本もたくさん揃えられている。

ここは2015年7月の地球館のリニューアル時に設置された。博物館内になぜこういったスペースを設けたのかというと、これまでの科博は、来館者の1割弱を占める未就学児には少し難しいところがあったからだ。そこで、主に4～6歳の子どもとその親のコミュニケーションを促す場を作った。これは全国に先駆けての試みで、今後は横展開していくことが期待される。

言ってみれば、科博唯一の親子

展示されたものを見ているだけでは物足りない、楽しみながら博物館で探究したい。
そんな小さな来館者向けに新設されたのが、『親と子のたんけんひろば コンパス』。
あちこちに工夫がされた空間は小さな知的好奇心の羅針盤的存在だ。

剥製を間近に観察でき、触ることもできる。ただし毛はむしらないように

の聖域。入室が可能なのは12歳までの子どもとその保護者で、子どもだけや大人だけでの利用はできないが、今回は特別に、成毛元少年も遊ばせてもらった。

やはり何といっても目につくのは、遊具のところどころで存在感を示している剥製だ。他のエリアではガラス越しにしか見られない剥製が間近で観察でき、しかもカモシカとタヌキは触ってもいい。これら貴重な剥製を、研究者の皆さんは快く提供してくれたという。なお剥製のセレクト基準の一つは「子どもでも知っているもの」。確かに、子どもでもクマやラクダやトラやラッコは知っている。

ただし誤算も。「あまりに迫力があるので、怖いというお子さんもいるんです」（神島さん）。

そうなのだ。図鑑で見るのとは違ってホンモノだからリアルだし、たとえばホッキョクグマの背の高さには圧倒される。比較的背の高いボクですら見上げてしまうのだから、子どもにとっては脅威だろう。でも、そのサイズを間近に実感してもらえるのもこのコンパスならではだ。

探検は尽きない

奥には小さな図書館のようなスペースもあり、ここには研究者おすすめの絵本などが並んでいる。ただ、大人しく読ませてはくれない。どれを読もうかと棚に手を伸ばすと、そこに研究道具が展示されていたり、不思議な穴を見つけてしまったりするのだ。

常設展示見学のためのキット、かはくたんけん隊

「ここでは『何かをしましょう』と呼びかけることはありません。自由に自発的に楽しんでいただきます」と小川さんは言う。確かに、何か言われてそれに従うよりも、したいことをしているほうが、科学的好奇心が湧いてくるように思う。なんでこんな形をしているんだろう、どんな声で鳴くんだろう、などといった疑問が自分のなかから生まれてくると、何が何でも知りたくなってくるし、一度知ったら、忘れない。そういった学びのきっかけを得る場として、コンパスは素晴らしくよくできている。

一方で、親子で一緒に特別な体験をしたい要望に応えるため、スタッフによるワークショップが開かれることもあるので、それに参加するのもよし、好きな遊びに没頭するのもよしだ。

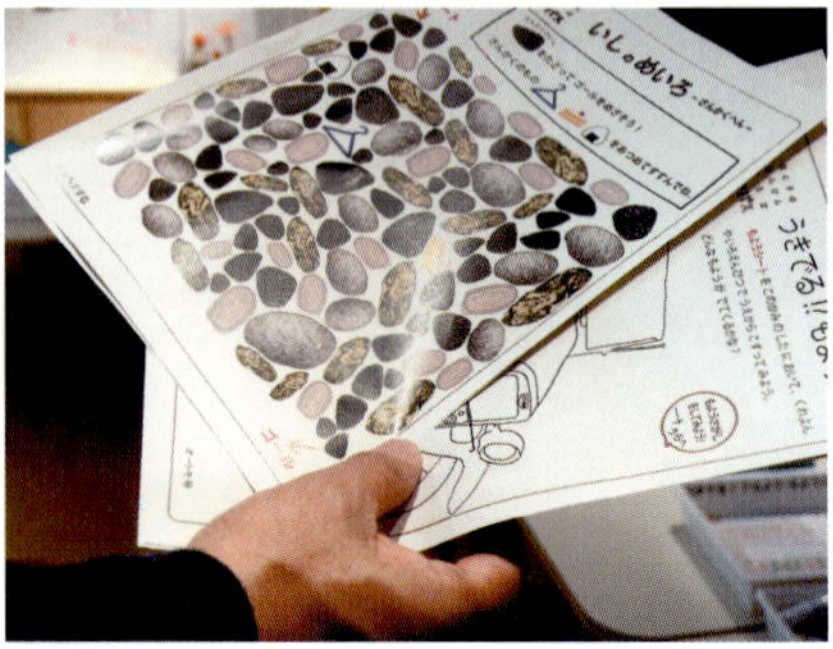

ワークショップのない時間はワークシートで学ぼう

また科博に来たくなる

ただ、コンパスには年齢制限の他に、1回に60人までという人数制限と、1回45分間という時間制限がある。人数制限に関しては安全上仕方ないにしても、これだけ

大きなサメの顔の後ろは、標本観察スペース「みるみるテーブル」。机と床がサメの体になったこだわりの作り

楽しみ方があると、45分間というのはあまりに短く物足りない。だが「実は、それも狙っています」と神島さん。「また行きたいね」と家に帰ってからも親子で会話ができるようにという配慮なのだそうだ。他にも、コンパスを出た後、常設展示での親子の会話に彩りを添えるものとして、隊員証や簡易的な虫眼鏡などがついたキット「かはくたんけん隊」350円）も紹介してくれた。こちらは日本館地下1階で販売しているそう。

コンパスはオープン以来大人気で、1日6回分の整理券はすぐになくなってしまうとか。なので、ちびっこを連れたママやパパは、科博に来たらまず整理券を入手することをおすすめする。それから、絶対にまた来たいと言い出すので、この際、科博の年間パスの購入も併せて検討してみてはどうだろう。

利用案内

- コンパスはお子様と保護者の方が一緒に楽しむ展示室です。必ず一緒にご利用ください。主な対象は4〜6歳のお子様とその保護者の方ですが、0〜12歳の方も保護者の方と入室いただけます。
- お子様だけのご利用、13歳以上の方だけでのご利用はお断りしています。
- 保護者の方1名につき、お子様は5名までご利用いただけます。

※保護者：同行のお子様の行動に責任を持つことができる方

※掲載情報は取材時のものです

最新情報は科博の公式HPをご覧ください

https://www.kahaku.go.jp/

シカになれる
人気の撮影スポット

探検レポート 1

のぼる

[climb]

鳥の視点で見下ろそう

「カハクのマド」と呼ばれる立体構造物は3階建て。はしごで登って高いところを移動して滑り台で下りるだけでも楽しいのに、間近でホッキョクグマの顔やフタコブラクダのコブを見られるのだから、これが嬉しくないはずがない。先を進むと、キリンの長い首がニョキッと現れたり、中でコアラに出くわしたりと、まるでジャングルやサバンナを進む探検家のような気分

大人は特によく滑るので注意！

どこにいるか
探してみてね！

「カハクのマド」のなかでは、サルやコアラにも出会える

を味わえる。

高いところへ上がって、木の上のサルや空を飛ぶ鳥の視点を持つと、下から見上げていた動物たちもまた別の表情を見せてくれる。この視点の発見は、子どもだけでなく大人にも新鮮だ。

途中、滑りやすいところもあるので、小さいお子さんは気をつけてあげましょう。ちなみにボクは滑りました。

上から見下ろす、大きなフタコブラクダとホッキョクグマ

ここからは、サイの背中の上からの景色が楽しめる。上に登ることで、また違った発見も

この先を進むと、何があるかな？

探検
レポート
2

のぞく

[peep]

ラッコを
下から見るのは初めて！
大人には
ちょっと窮屈かな

ラッコは上からと、
下からも観察できる

真上から見た
フタコブラクダのコブ

3匹の
プレーリードッグに
観察されている気分!?

ティラノサウルスの骨格を真下から観察できるのはここだけ

足元には小さな子どもの姿も

虫の視点で見上げよう

上からの視点だけでなく、下からの視点も持てるようになっている。虫の目、魚の目でも動物たちを観察できるのだ。ただ「ここから見られます！」と注意書きがあるわけではないので、まずはどこから見られるかを探すところから探検が始まる。

　ジャイアントケルプのベッドでくつろぐラッコの親子は、上からも可愛いが、下からも観察してほしい。なるほど、海中から見上げるとこの海藻はカモフラージュの役割もあるのかも。

　ティラノサウルスを下から見上げると、同じ時代に生きた小動物の気持ちがわかる。とにかく、踏まれたくない！

　ところで、大きなティラノサウルスの足元にいる子どもは、3Dプリンターで作られたものだそうだ。最新技術もしっかり導入されている。

子ティラノ3Dデータ製作：凸版印刷株式会社

タルボサウルスの子どもの化石などをもとにデジタル復元し、3Dプリンターで作られた子ティラノ

本棚の引き出しに気になるのぞき穴。開けるとその動物の剥製と解説がある

探検
レポート
3

みつける まなぶ

[discover]
[learn]

細部も見逃せない

標本はあらゆるところに隠れている。若き探検隊諸君は、ここは本棚だからとか、隅のほうには何もないだろうと決めつけることなく、隠れている動物たちをどんどん見つけ出して、そういったところを見逃しがちな大人にどんどん報告してもらいたい。ほら、あんな高いところから、シロテテナガザルが部屋を見渡している。

探検に疲れたら、本を読んだり、

絵本や図鑑が読める「ライブラリ」スペースには、研究者推薦の本も多数置かれている

高い位置にいるのはシロテテナガザル。「カハクのマド」に登らないとなかなか気づけない

植物や昆虫などのアクリル標本は、ルーペやモニターで拡大して観察

小さなアクリル標本を観察しよう。この標本は、大人が見てもうっとりするような美しさ。いくつか欲しくなってしまうような出来映えなのだ。ただし、ただ美しいだけではない。ルーペで拡大してみると、意外と毛深かったり歯が鋭かったりと新しい発見がある。

トラと赤ちゃんホッキョクグマを足元で発見。子ども目線のほうが見つけやすい

探検レポート 4

外から楽しむ

別の角度でもう一度

コンパスの外側は、この先の『大地を駆ける生命』(80ページ参照)に向かう人にとっては通路だが、通り過ぎるだけではもったいない仕掛けが隠れている。

中で出会ったティラノサウルスの親子は、後方から尾を見上げるようにして観察できるし、「こっち見てる?」とでも言いたげなセイウチの視線を受け止め

[enjoy from outside]

窓から外をうかがう
大きなセイウチ

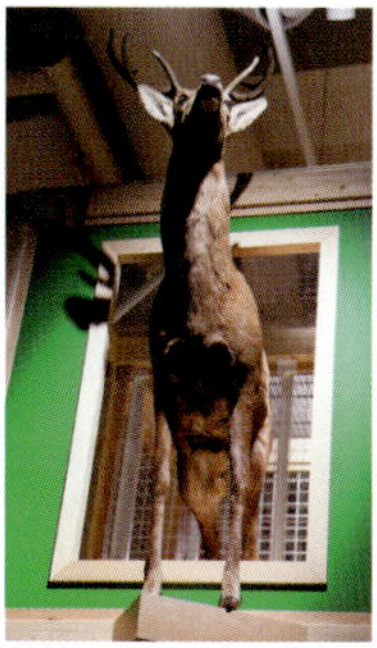

頭上にも剥製が飛び出している

外から見たティラノ親子。ここから中の様子を見ることができる

ることもできるのだ。窓から顔を覗かせたシマウマは、小さなジオラマ（ミュージアムショップでキット化したものを販売）との対比も楽しい。

整理券が確保できなくても、また入室条件が合わない人にも、外から覗き込むという楽しみ方をきちんと用意している。

シマウマは、生活の様子を表した小さなジオラマ模型と一緒に展示されている

協力：テラダモケイ

かはくのモノ語りワゴン

コミュニケーションで理解を深める

案内人　常設展示・博物館サービス課　**須藤耕佑／藤野理香**

**科博は来館者にとって楽しい場でもあるが
全国の科学系博物館のモデルでもある。
ボランティアによる『かはくのモノ語りワゴン』も
博物館の新しい姿を実現するためのヒントになっている。**

さて、この毛は何の動物の毛でしょう。想像してみてください。

かつては幼稚園の先生をされていたボランティアの成岡さん

大人も子どもも大満足

科博はツンデレ。これは、今回地球館を案内してくださったある先生の名言だが、まさにその通りで、過剰な説明書きが一切ない。探検慣れしている人にはそれがありがたいのだが、探検の方法がわからない人には、ツンが過ぎてとりつく島がないと感じられるかもしれない。

しかし、そんな心配は不要だった。各展示室には「どうやって疑問を持てばいいか」「どこに探検の糸口を見出したらいいか」のヒントを与えてくれる人がいるからだ。その人たちとは、科博のボランティア、『かはくボランティア』の皆さんだ。ある時間になると、ちょっとした出店のようなスペースに貴重な標本を揃えて来館者を待っている。待っているといっても、延々と説明をするのではなく、さっ

と5分間くらいで「へぇ～」と思わせる話をしてくれるのだ。

この試みは『かはくのモノ語りワゴン』と呼ばれていて、2016年4月に本格的にスタートしたものだ。取材でお邪魔したときは地球館3階で『けものの毛』というプログラムが行われていたが、これは数ヶ月ごとに入れ替わるという。

その『けものの毛』だが、実は内心、「触ってみてください」で終わりなのではないかと思っていた。ところが、触ったとたんに暖かさを感じる毛や、毛と呼ぶには抵抗があるほど硬い、刺さったら痛そうな毛などに驚いていると、なぜ動物がそのような毛をまとっているかという丁寧な説明が、ボランティアさんの口から優しく語られる。それが、ただ原稿を暗記しただけの血の通わない説明ではなく、きちんと知識が身についている語り口なのだ。つい、「科博でずっと毛の説明をされているんですか?」と聞いてしまったほど。かつて幼稚園の先生をされていたという成岡さんは、笑顔で、「今回、たまたまこちらの担当になりました」と謙虚に否定した。いやあ、しかし、よく勉強されている。

などと大人のボクが感心していると、低いところから子どもの手が伸びてきて、毛皮を触っては「痛い」と驚いたり、「何の毛ですか?」と尋ねて大興奮している。『かはくのモノ語りワゴン』、大成功だと思います。

この『かはくのモノ語りワゴン』は、『親と子のたんけんひろば

関連の展示物の前で案内することも

コンパス』と並び、リニューアルに合わせて誕生した事業推進部の肝いり事業の一つだ。科博はナショナルセンター、つまり全国にある科学系博物館の核となる存在。来館者に展示を見てもらい楽しんでもらう以外に、他の科学系博物館に対して、学習の場やモデル事業の提供を行っている。『かはくのモノ語りワゴン』にも『親と子のたんけんひろば コンパス』にも、その場で体験して終わりではなく、展示と来館者の対話を促し、家でも語れるコンテンツを提供するためのモデル事業としての位置づけがあるのだ。

テーマは研究者と決める

せっかくなので、この時間に他のフロアでも行われているという別のワゴンをはしご体験させてもらうことにした。ちなみに、現在どんなプログラムがあるのかと伺うと、『過去を見ることはできる?』『種まきのタネ』『サンゴガニのオニたいじ』（※取材時）など、魅力的なタイトルがあがってきた。そんなタイトルの本があったら、買って読んでみたいと思ってしまう。これらのテーマは、研究者にヒアリングをして決めているのだそうだ。

2つめの場所は、日本館3階北翼の入り口すぐ（日本館の展示については、前著『国立科学博物館のひみつ』をご覧ください）。ここでのお話は、『ゾウの歯の生え変わり』だ。

「ナウマンゾウの下あごのレプリカです。触ってみてください。何

当日の実施プログラム等の詳細は
科博の公式HPをご覧ください

http://www.kahaku.go.jp/

ゾウの歯について教えてくれた三浦さんは科博のボランティア歴30年

かに似ていると思いませんか?」

ボランティア歴30年という三浦さんが紹介してくれる。

何だろう。でこぼこしていて、何かに似ているといえば、似ているけれど……。

「最近はあまり使いませんけど、洗濯板によく似ています。これで実は1本の歯なのです。下の歯の上に食べ物を載せて上の歯ですり潰す様子は、洗濯板の上に汚れ物を載せてこする動作を思わせます」

確かにそうだ。あれ? ではゾウの歯は数が少ない?

「いえ、実は片方のあごに6本の歯が順番に生えてきます。あとから生える歯が口の奥から前の歯を除々に押し出して生え変わります」

へえ～。でも、歯が動くと歯肉炎の原因にはならないのかな。

「正確なことはわかりませんが、草食なので、何でも食べる人間とは違うかもしれませんね」

確かに!

「ゾウは体が大きいですね。その体を、あまり栄養のない草を食べて保つために、いつもいつも食べています。体が大きくなるにつれて、歯も大きくなってきたんです」

こんな風に丁寧に説明を受けたあとで骨格標本を見ると、歯にばかり注目してしまう。

親切なボランティアの皆さんは、展示と来館者の橋渡しを担っていて、『かはくのモノ語りワゴン』を担当するだけでなく、展示室内の案内もしてくれる。そのボランティアになるのは狭き門。人気があって、現在は欠員がない状況だという(※取材時)。今後は、子どもの頃から科博に通い詰めていた人が、仕事を引退してからボランティアに、というケースも出てくるに違いない。楽しみだ。

3万年前の航海 徹底再現プロジェクト

開かれた科学の現場

案内人　プロジェクト代表　**海部陽介**

草舟で黒潮を越える

成毛　ずいぶんと日焼けしていらっしゃいますね。

海部　自分としては史上最大の日焼けです。

成毛　それもすべて『3万年前の航海 徹底再現プロジェクト』のせいですね。この写真、一見、映画の撮影のようにも見えますが、実験の様子なんですよね。2016年7月に実施された、沖縄の与那国島《よなぐにじま》から西表島《いりおもてじま》まで草舟で渡るというこのプロジェクトについては、新聞やテレビでも報じられたので、ご存じの方も多いと思いますが、改めてプロジェクトリーダーの海部陽介先生に目的や成果を伺います。

2016年7月、2艘の草舟が与那国島から西表島を目指した。
このプロジェクトは、科博がクラウドファンディングで集めた資金で行われたものだ。
目的は何だったのか、どんな成果を得られたのかを代表に聞いた。

先生、これはプロジェクト名通り、3万年前に、実際にあったであろう航海を再現しようというものなんですよね。

海部　日本人の祖先は、いつどうやって日本列島へ渡ってきたのか。それを調べていくと、3万年前頃までに、おそらく台湾から琉球列島《りゅうきゅうれっとう》の各島に渡ってきていたことがわかりました。沖縄本島と宮古島《みやこじま》の間は200キロ以上離れていますが、そこを舟で渡っているのです。

成毛　台湾と与那国島の間には黒潮が流れていますよね。

海部　当時もそうなら、祖先たちはそれを横断する必要がありました。それに、台湾から与那国島のような小さな島が見えていたのかもわかっていません。

成毛　ポリネシア人の先祖は、たまたまコンティキ号という船でたどり着いたアメリカ・インディアンだという説がありましたが、こちらの場合はたまたまたどり着いた、というわけではないんですね。

海部　今では、古代ポリネシア

人は3500〜1000年前に東南アジア方面から航海してきたことがわかってきています。一方の沖縄は、その10倍も昔に意志を持って海を渡った人たちがいた場所だったと考えています。その理由の一つは、沖縄だけでなく本州にも、その頃に意図的な航海があった証拠があるからです。たとえば、関東から、3万8000年前の神津島《こうづしま》産の黒曜石《こくようせき》が見つかっています。黒曜石は石器の素材として好まれていたものですが、それが本州で見つかったのは、わざわざ神津島まで取りに行ったことを示しています。

成毛　黒曜石という明らかな目的があるならわからなくもないですが、沖縄へ渡るモチベーションは何だったのかなあ。

完成した航海用の草舟

草舟作りの様子

出発前の記者会見

漕ぎ手に漕ぎを指導

草舟に乗った漕ぎ手たち

海部 そうですね。それは一連の実験を終えてから改めて考えたい課題ですね。

成毛 たとえば伝説を信じたりして、本当にあるかわからない島を目指すものでしょうか。

海部 出航を決断するには、せめて、そこに島があることはわかっていたというロジックが必要ですね。台湾から与那国島が見えるか今調査していますが、少なくとも宮古島から沖縄本島は見えません。

成毛 ではどんなシナリオが考えられますか。

海部 たとえば、渡り鳥の行き来から、向こうに陸があると推測できる可能性があります。あるいは、少しずつ航海距離を延ばしながら徐々に存在を理解したという仮説も立てられます。

成毛 長距離航海になると、飲み水の確保が必要ですよね。

海部 今でもアフリカではダチョウの卵の殻を水筒代わりに使うところがありますし、竹や瓢簞《ひょうたん》のようなものを使っていたかもしれません。ただ、これには証拠がありません。

成毛 でもいずれにしても自然物ですね。

海部 水筒の発明は、人間にとって革命です。水筒があれば水源から離れられるので、他の動物とは比べものにならないほど行動範囲が広がります。ラクダのように水を溜められる体の構造になっていれば話は別ですが、人間はそこを発明によって解決してきました。

成毛 船もまさにそうですよね。

海部 漂流ではなく意図があっ

”成功は失敗を重ねた末にあるものだとサイエンスファンは思っています“

たと考えるもう一つの理由は、漂流でたとえば男性ばかりがたどり着いたとしても、子孫を残せないからです。男女1組でも定着は難しい。

成毛　なるほど。

海部　今回も移住を想定して、草舟を2艘《そう》用意しました。

成毛　当時も草で作った舟だったのですか。

海部　それはわかりません。伝統的な舟は皆、植物で作られているので、遺跡として残らないからです。

成毛　石器は残っても、木工具みたいなものは新しいものでないと残りませんものね。

海部　当時はもちろん、他の地から持っては来られないので、おのずと現地で調達できる植物で作ったと考えられます。

成毛　丸木舟とか、竹筏《たけいかだ》の可能性はありませんか。

海部　丸木舟を作るには、大木を伐採してくりぬく必要があります。そのためには斧が必要ですが、今のところ台湾や沖縄の古い遺跡からはそういったものが見つかっていません。その点では筏はあり得ますが、ただ、草舟ほどスピードが出ないので、黒潮を乗り越えることはまずできないと思います。

成毛　それで草舟だったんですね。今回のプロジェクトでは、与那国島を出発し、途中で潮に流されてしまったために併走船に曳航《えいこう》してもらうというプロセスを経て、西表島に到着していますね。

海部　当初のプランのようにはいかなかったので失敗と言ってもいいと思います。

成毛　でも、失敗して良かったという言い方は誤解を招きそう

ですが、きっと3万年前の人たちだって、いきなり成功はしなかったでしょうし、我々のようなサイエンスファンは、実験とは失敗を重ねて最後に成功するか、成功しないままであるものだと思っているので、最初から成功してしまったら、眉に唾をつけていたかもしれません。

ところで今、航海に使った草舟はどうなっていますか？　草刈りから始めて手作りしていたものですし、科博で展示の予定はあるのでしょうか。

海部　海水を吸って重くなってしまったので、向こうに置いてきました。一度の航海で役目を終えるのは、草舟の宿命のようなものです。

祖先たちを知りたい

成毛　プロジェクトには海部先生の他、どんな方々が参加したのですか。

海部　詳しくは公式ホームページをご覧いただきたいですが、研究者でいえばまず人類学者や考古学者です。僕のように人骨化石の形態学が専門の人もいれば、石器の専門家、DNAの分析をする人もいます。それから、人口動態をシミュレーションする数理生物学者、海流変動の専門家、伝統的な舟の研究をしている海洋民俗学の専門家などがいます。また、草舟職人や海洋探検家にも加わってもらいました。どうやって舟を漕《こ》いだらいいかは研究者ではわからないし、無理なので。今回、プロジェクトの頭に『徹底再現』という言葉をつけたのには、このように包括的に取り組むという意味を込めています。

”謎解きの体験そのものが面白いのですべて見せちゃおうと考えました“

クラウドファンディング支援者の名前が書かれた櫂を持つ漕ぎ手チーム

成毛　だいぶ横断的ですね。

海部　僕は人間を知りたいので人骨化石を研究してきましたが、知りたいことがあって、そこに自分以外の専門知識が必要だとしたら、できる人と協力すればいいとシンプルに思っています。それから、漕ぎ手には地元の方にも参加してもらっています。

成毛　今回は、クラウドファンディングという仕組みを使って、プロジェクトにかかる費用を集めたのも特徴的だなと思うのですが、どうしてクラウドファンディングを選んだのですか。

海部　林良博《はやしよしひろ》館長のアイデアです。だいぶ前からこのプロジェクトをやりたいと考えていたのですが、なかなか予算が確保できずにいたという経緯があり、館長に相談したところ、「クラウドファンディングをやったらどうか」と。

成毛　自前の資金をどう獲得するかは、独立行政法人の大きな課題ですから、他の法人も関心を持って見ていたでしょうね。いくら集まりましたか。

海部　目標額２０００万円のところ、２６００万円が集まりました。それに、クラウドファンディングという手法はこのプロジェクトにマッチしていたなと思います。一般的な研究は、結論が出てから発表するので、謎解きの面白さをみんなとシェアすることはなかなか難しいのですが、今回は謎解き体験そのものが面白いですし、失敗したとしても〝すべて見せちゃおう〟と思いました。やはり関心を持ってくれる人は多く、その輪がど

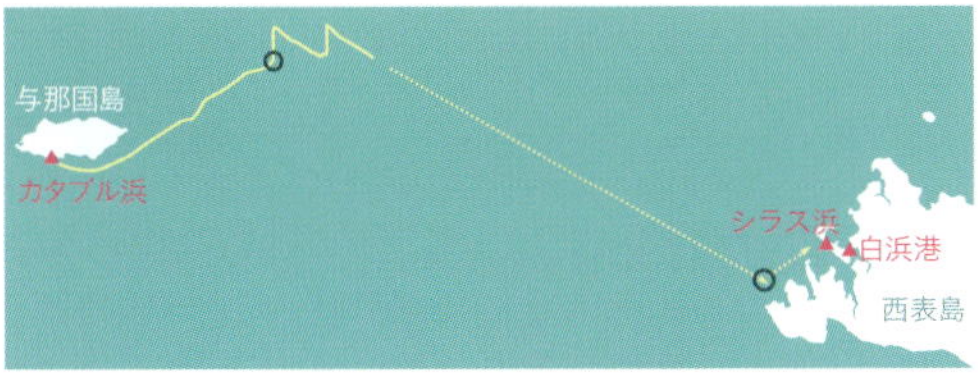

GPSが記録していたヒメガマ舟シラス号の航路。潮に流されたため、途中伴走船に牽引され、西表島沖約10kmから再スタートした

んどん広がっていくのを感じましたね。

成毛　最終的には、台湾から与那国島への航海も目指していると伺っていますが。

海部　そうです。ただ、最初は2年後にそこを目指すと言っていましたが、そう簡単ではないので、今回の成果をまずきちんと整理したいと思っています。

成毛　ひとまず初回のプロジェクトを終えた今は、どんなことをしているのですか。

海部　GPSのログ一つを見ても、現場では気づいていなかったことが見えてくるので、何が起きていたのかを確かめています。

成毛　台湾から舟を出すとなると、台湾の人たちも関心を持ってくれそうですが。

海部　今回のプロジェクトへの関心もかなり高いようです。

成毛　一連のプロジェクトが成功すると、台湾から沖縄へ人が意図的に渡ってきたということだけでなく、いろいろなことが見えてきそうですね。

海部　祖先たちの謎を解くというのが直接的な目標ですが、日本人と呼ばれる我々も、かつてはどこかからやってきた日本人じゃない人でした。台湾の人も、中国人もみんなそうです。国家ができたのは最近の話ですし、人類はみんな複雑な歴史を持っています。それを紐解いていくのが、僕らの役割だと思っています。そして、こういう認識がもっと広まって、日本人とかその祖先たちに対する考え方が変わることも期待しています。

■ 2016年の主な活動

2月	9日	クラウドファンディング　スタート
4月	4日	目標の2000万円達成
5月	24日	草刈り開始
6月	11・12日	航海プロジェクト研究会
	23日	草舟作り開始
	27日	試作舟完成
	28日	航行テスト
	30日	本番用草舟作り開始
7月	8日	沖縄に台風直撃
	9日	本番用草舟2艘完成
	10日	強風と波により、出航を延期
	11日	記者会見　本番舟を公開
	15日	強風と波により、さらに延期
	17日	西表島へ向け出航
	18日	シラス浜に到着
8月	上旬	台湾調査
	27日	成果報告会

詳細はプロジェクトの公式HPをご覧ください

https://www.kahaku.go.jp/research/activities/special/koukai/

対談

Makoto Naruke × Tadayuki Fujino

しつづける

藤野公之
副館長

モノでどう語るか

成毛　２０１５年に出版した『国立科学博物館のひみつ』では、前副館長の折原守《おりはらまもる》さんと、科博を愛するオヤジ二人で楽しく探検させてもらいましたが、今回は各フロアを担当の研究者の方に案内していただいて、とても贅沢な探検ができました。

藤野　出版後に地球館がリニューアルしまして、またこのような形で本にしてもらえるのは、当館としても大変ありがたいです。寄付会員にもなっていただいたようですね。

成毛　科博ファンなので入会したほうがいろいろお得だろうと。日本館の1階に掲げられた会員名のプレート、さっそく写真を撮りました（笑）。

藤野　特別展の内覧会への招待や、レストランの割引などの特典があるので、科博ファンの方にはおすすめです。

成毛　それにしても、科博は何度訪れても新たな発見がありますよね。

藤野　これからも、日々発見のある博物館でありたいと思っています。おわかりだと思いますが、科博には決まった見方がありません。科博はどこからでも好きなように見られるよう、いろいろなものを取り揃えて置いている、言うなれば〝おもちゃ箱〟のようなところです。

成毛　いい喩えですね。しかも、そのおもちゃ一つ一つもかなり厳選されています。それにレプリカだけでなく実物をかなり展示していますよね。

藤野　モノでどう語りかけるのか、言葉に頼りすぎないのも科博の特徴の一つです。モノとコミュニケーションして、自分で感じて対話してほしいと思っています。

成毛　それで足りなければ、音声ガイドやかはくナビ（タブレット端末）も用意されていますし、今はスマホで調べられる時代です。自発的に調べたほうが記憶に残りやすいので、あまり丁寧に説明してしまって、調べたり見つけたりするチャンスを奪わないほうがいいでしょうね。

藤野　ICTなどによる新しいメディアを更にどう使っていくかは、今後、考えていく必要があると感じています。

科博は進化

——あとがきにかえて

成毛 眞

今年も嬉しい悲鳴が

成毛　新しいところでは、まず1階の「地球史ナビゲーター」がとても印象的でした。

藤野　今回のリニューアルでは地球館の3分の1にあたるスペースを今までになかった概念を取り入れて改修したのですが、1階の入ってすぐのところは全体の入り口にあたる場所ですので、宇宙史・生命史・人間史の壮大な物語を映像とモノでざっと見ていただこうという主旨で、あのようなスペースを設けました。

成毛　中央には、アロサウルスの骨格標本と、気象衛星ひまわり1号、隕石の3点が暗示的に展示されていますし、その周囲には、それぞれのテーマを象徴するモノがケース越しではなくそのまま展示されていて驚きました。それに、部屋をぐるっと囲む巨大スクリーンのアニメーションもよくできていますよね。

藤野　とても良いものになったと思います。

成毛　気になって調べたら、イラストの原案は斎藤俊介《さいとうしゅんすけ》さんという、CMやライブ映像でも活躍されている方、監督は坂井治《さかいおさむ》さんという、NHK『みんなのうた』などで活躍されている方なんですね。登場する動物たちも、一見、可愛くデフォルメされているようですが、一つ一つが忠実で、それぞれ種《しゅ》が特定できるのだと伺って、さすが科博だなと感心しました。

藤野　おかげさまで好評で、多くの方に見ていただいています。それから、科博のなかでも人気の、地下1階の恐竜のスペースもリニューアルしました。迫力ある形にできたと思っています。少し狭いのですが。

成毛　それが、恐竜がこちらに迫ってくるような雰囲気を作り出していると思います。

"つくばにある収蔵庫も、何らかの形でご覧いただけるようにしたいです"

藤野　また、地下3階にはノーベル賞受賞者をはじめとした日本の科学者を紹介するコーナーを新設しました。

成毛　計画中に新たに受賞者が出て、スペースの確保が大変だったという話を伺いましたが、さらに昨年（2016年）、大隅良典《おおすみよしのり》さんが生理学・医学賞を受賞されたので、また一仕事増えましたね。

藤野　嬉しい悲鳴を上げています。過去の受賞者の方には、来館の際にご自身のパネルにサインをいただいているので、大隅先生にもぜひお願いしたいと思っています。

成毛　科博という身近な施設とノーベル賞がつながっていると感じられれば、子どもたちの気持ちも高まりますよね。

進化は確かに少しずつ

成毛　子どもたちといえば、3階にできた『親と子のたんけんひろば　コンパス』も大人気だそうですね。

藤野　これまで科博では、未就学のお子さん向けのプログラムがありませんでした。ただ、幼児期の教育効果は最も高いとよくいわれていますから、その時期に単に知識を与えるのではなく、体験できる、コミュニケーションできる場を作ろうと考えたのです。

成毛　ボランティアの方が活躍する『かはくのモノ語りワゴン』も、体験を提供してくれますよね。

藤野　大変評判が良く、外国の方からの関心も高いです。

成毛　これまで素通りしていた人は、ぜひ立ち止まって話を聞いてほしいです。ストーリーが実によくできていて、話し方もとても上手ですよね。

藤野　プログラムはかなり練り上げていますし、ワゴンに立って説明しているのは、実演試験をパスした方です。やりがいを持って取り組んでいただいています。

成毛　それで完成度が高いんですね。プログラムは定期的に変更するんですか？

藤野　一気にどんと増やすのではなく、少しずつバリエーションを増やしていきたいと思っています。

成毛　時代ですね。以前はバージョンアップというと、Windowsも95から98へと一足飛びに行ったりしましたが、今は毎日のように少しずつアップデートして、いつの間にかすべてが新しくなっているような変化が主流です。そのほうが安心感があるし、小さな変化を楽しめるのではないかと思います。『コンパス』や『かはくのモノ語りワゴン』のような先進的な試みは、科博以外でも行ってほしいですね。科博にしかないのはもったいないですよ。

藤野　私どももそう思っているので、単に視察を受け入れるだけでなく、教材やノウハウも広く普及していきたいと考えています。

成毛　地球館も少しずつバージョンアップしていくと思いますが、残り3分の2についても期待していいでしょうか。

藤野　もちろんです。リニューアルは私どもの宿命だと思っています。科学はどんどん進化しますし、自然史はどんどん解明されていくので、科博は常に発展途上にあります。

成毛　そうですよね。恐竜の外見や植物の分類なども、子どもの頃に教科書で見たものは今や正確でなくなっているものもたくさんあります。

特別展でも挑戦する

成毛　今日は平日ですが、館内は結構にぎわっていますね。

藤野　年間200万人を超える方に来ていただいています。

成毛　プロ野球12球団のうち、ホームゲームの年間動員数が200万人を超えているのは6チームだけですから、かなりいい位置につけています。やはり、毎回工夫を凝らしている特別展を目当てに来られる方が多いのでしょうか。

藤野　日本の博物館にはその傾向があるのですが、科博の場合は常設展目当ての方の割合のほうが高いです。ですから、常設展の魅力に特別展の魅力が加わっての200万人なのだろうと思っています。

成毛　それでも、特別展で恐竜モノをやると、相当並ぶんじゃないですか。

藤野　確かに、恐竜をテーマにした特別展には、毎回、多くの方に来ていただいています。ただ、人気のテーマばかりでなく、科博には科学リテラシーの向上を図るという使命がありますので、豊富に持っている標本資料などを使いながら、幅広い分野の特別展に挑戦していきたいです。

成毛　以前開催された『ワイン展』（2015年10月31日～2016年2月21日）はかなり思い切った試みだなと思いました。

藤野　科博は小中学生が行くところというイメージを打ち破れないかと思って、企画したものです。

成毛　科博としてもチャレンジだったのですね。

藤野　結果として、そのときの有料来館者の割合は大人が98％、小中高生が2％となりました。その前の『大アマゾン展』（2015年3月14日～6月14日）では小中高生の割合が全体の20％、『生命大躍進』（2015年7月7日～10月4日）では小中高生の割合が全体の29％でしたから、狙い通りの結果になったことになります。

成毛　特に、若い女性の姿を多く見ましたね。それから、あのときは特別展内のショップでワインを売っていてとても驚きました。

藤野　『ワイン展』は国税庁や農水省とのタイアップで、会期中には国税庁長官もお見えになりました。また国内のワインの産地の方にも土日のたびにセミナーを開いていただいて、これまではあまり結びつきのなかった地域や組織ともつながりができました。

拡張し、巻き込む

成毛　だいぶ画期的ですね。この度、海部陽介先生に『3万年前の航海 徹底再現プロジェクト』のお話を伺いましたが（210ページ参照）、それもクラウドファンディングを活用されるなど、最近は科博がオープンになっているように感じます。

藤野　科博には動物研究部、植物研究部、地学研究部、人類研究部、理工学研究部と5つの研究分野があり、それぞれを組み合わせると複合的なことができますし、それに伴って連携先も増えています。

成毛　連携の担当は特別に設けているのですか。

藤野　もともと企業や地域との連携を担当する課がありましたが、2016年からは博物館等連携推進センターという、部に相当する部署を設けました。科博は小さな組織なので、自分たちだけでは活動に限界があります。場合によっては、他と結びついて新しいことをやっていかなくてはならないと思っています。特に2020年は東京でオリンピック・パラリンピック大会が開催され、海外からの観光客が増えることが予想されますが、これは科博などが持つ資産をより活用するチャンスでもあります。そこへ向けて各地域の博物館と広く連携・協働し、たとえば巡回展やサイエンスカフェのような事業を一緒に行っていこうと考えているところです。

成毛　まさにナショナルセンターとしての役割を、これまで以上に果たしていこうということですね。

藤野　科博はスミソニアン博物館などに比べると、ぎゅっと凝縮されている印象があるかと思いますが、実際、スペースが狭いんです。ここ上野には日本館と地球館があり、それぞれ地上3階、地球館はさらに地下3階までありますが、これ以上の拡張はできません。ですから、いろいろなところと結びつかないとナショナルセンターとしての機能を十分に果たしていけないのではないかと思っているんです。

成毛　上野公園の一角にあるのですから敷地は広げられませんよね。建物だって高いビルに建て替えるわけにもいかないでしょうし。

藤野　それをやってしまうと科博の良さがかなり失われてしまうと思います。重要文化財に指定されている日本館がここ上野公園にあることで、風情がありますから。

成毛　情緒的でしっとりしていますよね。科学技術の博物館はそうであったほうがいいと思います。展示物がアートならカラッとしていてもいいですが、サイエンスは人間そのものだし、技術は人間の営みですから。クラウドファンディングのような、人を巻き込む試みもその意味でサイエンス的だと思います。

藤野　国立の博物館や美術館では初の試みでしたが、クラウドファンディングは今後もいい形で使っていきたいです。その目的は資金を集めることだけでなく、いろいろな人を

“ずらりと並んだ国の宝を見ていると自分のもののような気がしてきます”

巻き込むところにもあります。そして結果だけでなく研究や実験の過程も公開していきたいです。

成毛　アウトリーチとしてもいいですし、サイエンスは必ずしも成功するわけではないということを広く知ってもらうことは、国民の科学リテラシー向上のためにも重要だと思います。

藤野　失敗も試行錯誤もすべてお見せして、参加していただいて、研究者と一緒にやっているんだという気持ちになってもらえれば面白いなと思っています。

“抜け”空間にも配慮

藤野　それから、ぜひ来館者の方には屋上にも上がっていただきたいんです。

成毛　先程上がりましたが、眺めが良く、ほっとできるスペースでした。面白いおもちゃが凝縮した科博の中にあって、休符というか余白というか、そんな印象を受けました。

藤野　詰め込むだけでなく抜くスペースもこういった施設には重要だと思っています。

成毛　抜くスペースといえば、ミュージアムショップの評判はいかがですか？　科博は他と比べるとかなり充実しているなと感じています。

藤野　ありがとうございます。

成毛　博物館や美術館を特集したテレビ番組や雑誌の記事でも、ミュージアムショップが紹介されていると行ってみ

外部との連携を深め
ナショナルセンターとしての
役割を一層、担っていく

ようという気持ちになります。

藤野　よくわかります。私は六本木の国立新美術館の建設にも少し関わっていたことがあるのですが、あそこもミュージアムショップの重要性から従来よりもかなり広いスペースを確保しています。

成毛　顧客満足度を大きく左右しますよね。帰るときに、来るときにはなかった荷物が増えていると満足するものなんですよ。

藤野　今日もぜひ、お帰りの際にはお立ち寄りください。

成毛　先程からお話を伺っていると、藤野さんはお役人というよりもやり手の営業担当役員という印象を受けますね。科博にはいつからいらしているのですか。

藤野　２０１５年４月からです。直前は文科省の生涯学習政策局にいました。

成毛　それはどういったことを担当するところなんですか。

藤野　まさに科博などを所轄する部門です。

成毛　あら～（笑）。では、その頃と今とでは、科博の見え方がだいぶ変わったのではないですか。とはいえ、外からの視点も持っている方が副館長というのは、科博の強みの一つでしょうね。

藤野　ところで成毛さんにお願いがあります。『国立科学博物館のひみつ』の第３弾を、ぜひ作っていただきたいです。

成毛　でも、日本館と地球館はすでに取り上げましたし、前回はつくばの収蔵庫、今回も実験植物園と白金の自然教育園にもお邪魔しました。なので、もうやりつくした感もあるのですが……？

藤野　そこで、お子さん向けの本をぜひ。

成毛　ああ、なるほど。それにしてもやり手ですねえ（笑）。

盛り上がる上野の杜

成毛　先程、この上野公園の中にあるから風情があるというお話がありました。まさにその通りだと思いますが、上野そのものもだいぶ盛り上がっていますよね。たとえば国立西洋美術館は世界遺産に登録されましたし、２０１６年５月に東京都美術館で開催された『生誕３００年記念 若冲展』は何時間待ちという行列が話題になりました。そして科博もリニューアル。上野がますます盛り上がりますね。

藤野　上野全体が盛り上がることは、上野の杜の住人である私どもも嬉しいですし、ありがたいことと思っています。「ＵＥＮＯ ＷＥＬＣＯＭＥ ＰＡＳＳＰＯＲＴ」という、科博の他、国立西洋美術館、東京国立博物館、上野動物園、旧岩崎邸庭園、東京都美術館、下町風俗資料館、朝倉彫塑館、書道博物館の合計９施設の常設展等に各１回ずつ入場できるチケット（現在は終了）も大変好評を得ました。

成毛　以前、国立の３館、科博と国立西洋美術館、東京国立博物館とで使えるパスポートがありましたよね。

藤野　はい、それの範囲が広がったものです。今後は参加施設がもっと広がりますし、特別展にも入場できるようになる予定です。また、無料Ｗｉ－Ｆｉの整備や多言語化にも一緒に取り組んでいけないか、検討を始めています。上野は、外国人観光客がだいぶ増えていて、桜の季節などは日本人より外国の方のほうが多いくらいですしね。

成毛　そうなると、このあたりに宿泊施設がもう少し増えるといいですよね。上野くらいのミュージアムコンプレックスなら、外国人だけでなく日本人でも、宿泊してじっくり見たいという人も多いでしょう。足りないといえば、食事処もそうなんですよね。大人向けには渋い店がいくつもありますが、子ども連れでも入れるところは少ないように思います。まだまだ、上野人気に環境の変化が追いついていないかなと感じますね。

藤野　上野には、まだまだできることはたくさんあると思っています。たとえば、地方の修学旅行生などは「晴れたら上野動物園、雨なら科博へ行きます」というケースも多く、ここにもヒントがある気がしています。

成毛　生きている動物をあちらで見て、その祖先の骨格標本をこちらで見るというのも面白いですよね。それに科博の動物は動かないのでじっくり観察できますし。

さらに集め守っていく

成毛　改めて、科博のこれからについて教えてください。少しずつバージョンアップしているのはよくわかったのですが、全体の方向性はどうなのでしょうか。

藤野　まず、コレクションを充実させたいです。科博は440万点を超える数の標本を登録しており、上野で常設展示されているのはそのうちのごくごく一部なのですが、収蔵品の数が、海外の主要な博物館と比べると、いいものは持っているのですが、まだまだ桁違いに少ないのです。欧州と比べると1桁、スミソニアン博物館と比べると2桁違います。

成毛　ということは、スミソニアン博物館には億を超える収蔵品があるということですね。すごいな。科博はどうやって数を増やしますか。

藤野　もちろん毎年の調査研究を通じて増えていきますが、それだけでなくこういうご時世ですので、大学などの研究者が辞めるとき、手放さなければならないものが出てきて、どうしようかと悩まれることがあります。また、個人の収集家もかなりの数いらっしゃいますが、受け継がれずに失われていくケースがあります。こういったもののなかで重要なものは、ナショナルコレクションとして科博できちっと守っていかなくてはならないと思っています。

成毛　今回案内していただいたなかにも、過去の名機と呼ばれたコンピューターや、それからその時代には当たり前で、いつの間にか代替わりしていた実験機器など、企業のなかで埋もれていってしまいそうなものがたくさんありました。現場にいると価値がわからないこともありますから、そこは科博の出番です。

藤野　そう思います。さらに、今のルールの下では、新たに採集できないものもありますし、絶滅危惧種になっているものもあります。海外で標本を採集する場合にも、名古屋《なごや》議定書《ぎていしょ》に定められた通りに、相手国の研究機関と協定を結び、得られた成果については利益配分をしなくてはなりませんから、以前のように気軽にというわけにはいきません。

成毛　様々に環境が変わってきているわけですね。ただ、以前、つくばの収蔵庫を見せていただきましたが、もうあまり空きスペースがなかったように見えました。

藤野　はい。もう8割がた埋まってしまったんです。

成毛　もう8割！　2012年にできたばかりですよね。

藤野　ですから新たな収蔵庫を建設したいと思っていて、現在、検討中です。

成毛　そうですか。その際にはぜひ、収蔵庫を公開はできないにしても、外からでも見られるようにしてもらえると嬉しいです。

藤野　実はそれを考えていて、収蔵庫の中の様子や標本となっていく作業の過程が見学できる仕組みを考えています。

成毛　いいですね。棚に並んでいるのを、遠くから見るだけでもいいです。それだけでも、国のお宝が身近に感じられて、一つ一つが自分のもののような誇らしげな気分になるんです。「我が国はこんなに持っているのか」と。

藤野　そうやって見ていただくと、上野の日本館と地球館に展示されているのがほんの一部であること、440万点からなぜそれらが選ばれたのかなど、いろいろなことを感じていただけると思います。

成毛　上野で見られる展示物の背後に440万点があるとわかれば、それもまた新たな探検のきっかけになりますね。これからも科博は、常に進化し、探検しがいのある博物館であってくれそうです。

藤野　期待に応えられるよう努力を続けますので、進化のプロセスを多くの方と共有していければと思います。

Tadayuki Fujino
藤野公之
国立科学博物館理事兼副館長
1961年生まれ。1985年早稲田大学政治経済学部卒業後、文部省入省。千葉県成田市教育長、青森県文化課長、初等中等教育局参事官、生涯学習政策局生涯学習推進課長、同政策課長、生涯学習総括官などを歴任。2015年4月より現職。

Profile of Researchers

研究者紹介

科博を代表する、
各分野のスペシャリストに
ご案内いただきました。
ありがとうございました。

番号の説明

❶ 専門分野 ❷ 研究内容
❸ 科博のココを見てください！

1F 案内

倉持利明

Toshiaki Kuramochi

動物研究部長（兼）
昭和記念筑波研究資料館長

❶ 寄生虫学

❷ 寄生蠕虫類（扁形動物の吸虫類・条虫類、線形動物、鉤頭動物など）の分類、系統、動物地理

❸ 地球館1階の系統広場には「生命の花」があります。上映の最後、赤ちゃんがオギャーと泣くシーンが大好きです。

2F 案内

前島正裕

Masahiro Maejima

理工学研究部科学技術史グループ長（兼）
コレクションマネージャー

❶ 電気工学・技術史

❷ 近・現代における電力及び情報通信技術の発達過程、技術史資料の収集と保存に向けた調査

❸ 自分の好きなところ以外にも、新たな発見があるかもしれません。

2F 案内

鈴木一義

Kazuyoshi Suzuki

産業技術史資料情報センター長

❶ 日本における科学技術史

❷ 日本における科学技術の発達について、過去から現在まで、連続的な視点で実証的に調査、研究し、その特徴を明らかにする

❸ 科博の展示は、単に見学するのではなく、自らが発見し、疑問に思ったことを調べるきっかけとなるものです。ぜひそんな好奇心を持って展示を見てください。

3F 案内

川田伸一郎

Shin-ichiro Kawada

動物研究部脊椎動物
研究グループ研究主幹

❶ 哺乳類分類学・遺伝学・生態学

❷ 食虫類の分類と種分化に関する研究、哺乳類の歯式進化に関する研究、皇居に生息するタヌキの生態調査

❸ でかい哺乳類もいいですが、実は1種を除く日本のモグラを全部見られる展示が当館にはあるのです。ぜひ探してみてください。

B1F 案内

真鍋 真

Makoto Manabe

標本資料センター
コレクションディレクター（兼）
分子生物多様性研究資料センター長

❶ 古脊椎動物学
（爬虫類、鳥類化石）

❷ 恐竜など中生代の化石から読み解く爬虫類、鳥類の進化

❸ 恐竜の骨格の前のモニターでは、その標本を研究した日本人研究者の解説ビデオをぜひご覧ください。ここでしか観ることのできないオリジナル映像です。

B2F 案内

重田 康成

Yasunari Shigeta

地学研究部環境変動史研究グループ長（兼）
コレクションマネージャー

❶ 古生物学、地質学

❷ アンモナイトの分類、解剖、生態、系統、進化、化石化の研究を通して、古生代や中生代の地史や生物史を解明する

❸ 大きな化石を採集する際、運搬のために幾つかの部品に割ることがあります。当館の巨大アンモナイトにも接着の跡があり、採集者の汗と涙を物語っています。

B2F 案内

海部 陽介

Yousuke Kaifu

人類研究部人類史研究グループ長

❶ 人類進化（特にアジアの人類200万年史）

❷ 化石の形態解析と現地調査等を通じて、アジアにおける人類進化・拡散史の解明に取り組む

❸ 床に世界地図を描いて人類の世界拡散を表した展示は、科博のオリジナルです。地図がなく行き先の全てが未知だった時代を想像しながら、祖先たちの足跡をたどってみてください。

B2F 案内

齋藤 めぐみ

Megumi Saito

地学研究部環境変動史研究グループ
研究主幹

❶ 珪藻化石（特に淡水生のもの）

❷ 湖沼珪藻の進化プロセスの解明、第四紀気候変動に対する珪藻群集の応答様式の解明、湖沼内湾域における人間活動の影響評価

❸ 微化石コーナーでは、本物の小さな化石が展示されています。なんと！一つ一つ行儀よく並んでいるものもあります。

B2F 案内

佐野 貴司

Takashi Sano

地学研究部鉱物科学研究グループ長

❶ 火山および火山岩

❷ 地球を突き動かす超巨大火山の研究。また、水が海溝から地球深部へ沈み込んだあと、火山として噴火するメカニズムの研究

❸ ダイヤモンドなどの宝石に比べると科博に展示されている岩石や鉱物は地味かもしれませんが、展示標本を調べると様々な地球の歴史を知ることができます。

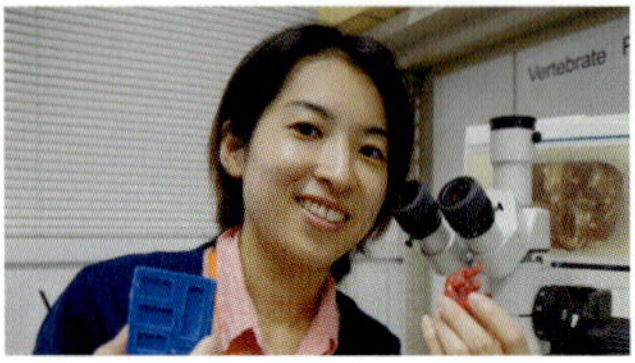

B2F 案内

木村由莉

Yuri Kimura

地学研究部生命進化史研究グループ研究員

❶ 哺乳類古生物学
（特に新生代の陸生哺乳類）

❷ 小型哺乳類化石から古生態や進化のプロセスを研究する

❸ 哺乳類化石のコーナーでは、実物化石かレプリカかという見方ではなく、実際に生きていた動物という目線で展示をご覧ください。そうすると、折れた肋骨が治癒した個体だって見つけられますよ！

B2F 案内

久保田好美

Yoshimi Kubota

地学研究部環境変動史研究グループ研究員

❶ 古気候・古海洋学、微化石

❷ 海底堆積物に含まれる有孔虫という小さな化石（微化石）を使った過去の環境変動の復元

❸ 地球館1階の地球史ナビゲーターから少し目線を落とすと、当時を物語る化石がずらりと並んでいます。映像と照らし合わせて当時の環境を想像してみると面白いかもしれません。

B3F 案内

若林文高

Fumitaka Wakabayashi

理工学研究部長

❶ 触媒化学、化学普及・教育、化学史

❷ 不均一系触媒作用に関する物理化学的研究、研究を基盤とした化学教育教材・プログラムの開発研究、日本を中心とした化学史資料の調査・収集、保管及びデータベース化

❸ ノーベル賞受賞者コーナーの映像は特に見てほしいです。東日本大震災のすぐ後に、それを踏まえて科学・技術と人間とのかかわりについてお話していただいた貴重な映像です。

B3F 案内

有賀暢迪

Nobumichi Ariga

理工学研究部科学技術史グループ研究員

❶ 科学史

❷ 物理学・数理科学の歴史、および近現代日本の科学技術史

❸ 地球史ナビゲーターの「人間史」後半は、アニメーションと実物資料で科学技術の歴史を一望できるよう腐心して制作しました。国内外に例のない、自信作です。

B3F 案内

洞口俊博

Toshihiro Horaguchi

理工学研究部理化学グループ研究主幹

❶ 恒星物理（高温度星の大気）、天文情報処理

❷ 高温の星をとりまくガスの観測的研究、観測データのアーカイブシステムやそれを生かした天文教材の開発研究

❸ 20cm屈折赤道儀の右隣にある「さまざまな光で見る天体」の画像は、天体の位置合わせと縮尺の調整を1枚1枚手作業で行った苦心の作です。ぜひご覧ください。

筑波実験植物園 案内

岩科 司

Tsukasa Iwashina

植物研究部長（兼）筑波実験植物園長

❶ 植物化学分類学

❷ 植物におけるフラボノイドを中心としたフェノール化合物の分離同定とその分布、および花色発現や紫外線防御などの植物における機能解析

❸ 植物園では温室が注目されがちですが、一番奥にあるブナの森（冷温帯落葉広葉樹林区画）をお勧めします。新緑や紅葉など、日本の原風景を一年を通じて楽しむことができます。

対談

藤野公之 Tadayuki Fujino

理事（兼）副館長

❸ 何度来ても新たな発見や驚きがある、そのような科博にすべく取り組んでいる職員やボランティア、スタッフの姿を一度見ていただければ幸いです。

親と子のたんけんひろば コンパス 案内

小川達也 Tatsuya Ogawa

事業推進部学習課

神島智美 Satomi Kamijima

事業推進部学習課

かはくのモノ語りワゴン 案内

須藤耕佑 Kosuke Sudo

事業推進部常設展示・博物館サービス課

藤野理香 Rika Fujino

事業推進部常設展示・博物館サービス課

附属自然教育園 案内

遠藤拓洋 Takumi Endo

附属自然教育園職員

所 真次 Shinji Tokoro

附属自然教育園総務担当係長

協力

池本誠也 Seiya Ikemoto

事業推進部長

船木茂人 Shigehito Funaki

事業推進部広報・運営戦略課長（兼）
博物館等連携推進センター博物館連携室長

園山千絵 Chie Sonoyama

事業推進部広報・運営戦略課係長

石川 昇 Noboru Ishikawa

事業推進部広報・運営戦略課

附属自然教育園 案内

小川義和

Yoshikazu Ogawa

附属自然教育園長（兼）
博物館等連携推進センター長

❶ 博物館学、サイエンスコミュニケーション

❸ 自然教育園では日々移り変わる自然を「見ごろ情報」としてウェブサイト等で定期的に発信しています。事前にチェックしてご来園ください。また科博は地域の博物館と連携協働して展示やイベント等を行っています。科博以外の場所でも「科博」を見つけてください。

附属自然教育園 案内

矢野 亮

Makoto Yano

附属自然教育園名誉研究員

❶ 天然記念物に指定された森の維持・管理・調査・自然教育

❷ カワセミの繁殖生態

❸ 自然教育園は、関東地方平野部に残された自然を保護している場所です。森林の移り変わり・都市化に伴う自然の変化・動物の生活などをぜひ観察してください。

国立科学博物館のひみつ

地球館探検編

2017年3月30日　初版第一刷発行

著者	成毛 眞
監修	国立科学博物館
ブックデザイン	釜内由紀江（GRiD）
	井上大輔（GRiD）
撮影	高岡 弘
構成	片瀬京子
編集	藤本淳子
	小宮亜里
special thanks	折原 守

印刷・製本	凸版印刷株式会社
発行者	田中幹男
発行所	株式会社ブックマン社 〒101-0065 千代田区西神田3-3-5 TEL　03-3237-7777 FAX　03-5226-9599 http://bookman.co.jp/

ISBN　978-4-89308-877-2